GABRIELL PORTILHO RIBEIRO

O VALOR DOS ATOS UNILATERAIS NO DIREITO INTERNACIONAL: da qualidade de fonte do direito à suscetibilidade de apreciação por órgãos internacionais.

2023

RESUMO

Os atos unilaterais dos Estados, sendo aqueles que emanam da vontade de uma única soberania, podem desencadear efeitos e repercussões no âmbito internacional. Neste trabalho, tratou-se de abordar o valor que referidos atos possuem no Direito Internacional, tendo em vista que eles não são visualizados apenas sob uma perspectiva *interna corporis*, como sendo um assunto de único e exclusivo interesse do Estado que o produz, insuscetível a debates ou ingerências. Pela aptidão dos atos unilaterais dos Estados produzirem efeitos jurídicos no plano internacional, contribuindo para a formação de obrigações, foi avaliada a sua inclusão nas fontes do Direito Internacional, entendimento acolhido por vários autores e elemento de debate nos tribunais internacionais e em estudos promovidos pela Comissão de Direito Internacional da Organização das Nações Unidas. Ao lado disso, os atos unilaterais dos Estados foram examinados a partir de outros aspectos diretamente relacionados à repercussão que acarretam no Direito Internacional, tais como a relativização da soberania, pois os Estados devem amoldar suas condutas no sentido de satisfazer os valores que emanam das normas jurídicas internacionais, mesmo em relação a assuntos regulados nos seus respectivos ordenamentos; a humanização do Direito Internacional, marcada pela consciência jurídica universal cujo tom é o da proeminência da dignidade humana frente aos Estados; e a suscetibilidade de apreciação de tais atos por variados órgãos internacionais. Ao final, a análise da construção da Usina de Belo Monte representou um caso exemplificativo.

Palavras-chave: Atos unilaterais dos Estados. Fontes do Direito Internacional. Soberania. Humanização. Órgãos internacionais.

ABSTRACT

Unilateral acts of States, those emanating from the will of a single sovereignty, can generate effects and repercussions internationally. In this work, was searching the value that these acts have in International Law, once they are not viewed only under a *interna corporis* perspective, as a single issue and exclusive interest of the State that produces the act, unsusceptible to debates or interference. The ability of the unilateral acts of States to cause legal effects at the international level, contributing to the formation of obligations was assessed to be included in the sources of International Law, understanding welcomed by several authors and debate element in international courts and studies promoted by the International Law Commission of United Nations. Beside this, the unilateral acts of States were examined from other aspects directly related to the impact that lead in International Law, such as the relativization of sovereignty, because States must conform their conduct in order to meet the values emanating from international standards, even in relation to matters regulated in their respective legal orders; humanization of International Law, marked by the universal juridical conscience whose tone is the prominence of human dignity opposite the States; and the susceptibility of appreciation of such acts by various international bodies. Finally, the analysis of the construction of the Belo Monte hydroelectric plant represented an exemplary case.

Keywords: Unilateral acts of States. Sources of International Law. Sovereignty. Humanization. International bodies.

LISTA DE ABREVIATURAS

CIDH – Comissão Interamericana de Direitos Humanos

CIJ – Corte Internacional de Justiça

CPJI – Corte Permanente de Justiça Internacional

FUNAI – Fundação Nacional do Índio

ICJ – International Court of Justice

MC – Medida Cautelar

ONU – Organização das Nações Unidas

OSCE – Organização para a Segurança e Cooperação na Europa

OTAN – Organização do Tratado do Atlântico Norte

UHE – Usina Hidroelétrica

SUMÁRIO

1. INTRODUÇÃO

Quando se tem em vista a coordenação e a descentralização que marcam a sociedade internacional, pode-se compreender que os Estados não vivem isoladamente no mundo. Eles travam relações internacionais, compartilham ideais e interesses comuns, entram em conflito. O Direito Internacional, então, entra em cena para regular normativamente as relações entre todos os atores internacionais (e não só entre os Estados).

Tratando-se especificamente dos Estados, pode ser verificado que estes, ao se submeterem ao Direito Internacional, que exerce influência sobre eles e suas respectivas ordens internas, passam a ter um parâmetro para a prática de seus atos, de modo a não poderem transgredir normas internacionais aos quais eles se vinculam. Ademais, ao se inserirem na sociedade internacional, os atos por eles praticados podem extrapolar seus limites, causando reflexos no ambiente internacional.

Dizer do que é formado o Direito Internacional, nesse passo, é questão que envolve o entendimento de quais são os seus meios de exteriorização, ou seja, quais são suas fontes, tema que, em face da dinâmica com a qual o ordenamento internacional é modificado e influenciado, sempre passa por reavaliações.

Assim, inicialmente, é dentro desse espírito de reavaliação constante das fontes do Direito das Gentes que os atos unilaterais dos Estados podem ser analisados. O valor desses atos unilaterais para o Direito Internacional, portanto, tem sido representado pela sua inclusão na listagem das fontes do Direito Internacional, uma vez que se verifica que tais atos ostentam a aptidão de produzirem efeitos jurídicos no plano internacional, transbordando o âmbito dos Estados dos quais se originaram.

De outro lado, a repercussão dos atos unilaterais dos Estados no Direito das Gentes pode ser evidenciada a partir de outros aspectos. O Direito Internacional, no atual estágio, tem se ocupado de temas globais referentes a todas as pessoas, de forma indistinta e universal, tais como a segurança, o meio ambiente, a paz, enfim, dos direitos humanos, característica que guia à uma maior cooperação e responsabilidade entre e por parte dos Estados.

Sendo assim, apesar de soberanos, os Estados devem amoldar suas condutas no sentido de satisfazer os valores que emanam das normas jurídicas internacionais, mesmo em relação a assuntos regulados nos seus respectivos ordenamentos.

Sob outro ponto de vista, os atos unilaterais dos Estados têm sua repercussão internacional também modelada pela humanização do Direito Internacional, marcada pela consciência jurídica universal cujo tom é o da proeminência da dignidade humana frente aos Estados.

Em acréscimo, por fim, é peculiar ao Direito Internacional, a assunção de vinculações e obrigações dos Estados entre si. Essas vinculações internacionais que ligam os Estados estão plasmadas, por exemplo, na assinatura de convenções e na submissão à jurisdição de tribunais internacionais. Logo, a violação de direitos consagrados em convenções internacionais, inclusive por atos estatais, é posta em questionamento e controle pelos mais variados tipos de órgãos internacionais.

Em virtude das considerações expostas, o presente trabalho monográfico guia-se no sentido de responder ao questionamento a respeito de qual o valor dos atos unilaterais para o Direito Internacional. Para tanto, utiliza-se o método de abordagem dialético, pautado pela ideia de interdependência, ou seja, a consideração da sociedade como um composto de objetos e fenômenos que se condicionam reciprocamente. Assim, é realçada a premissa de que a transformação de ideias resulta de um processo, com suas contradições, movimentos e seu relativismo.

Como métodos de procedimento, foram adotados, concomitantemente, os métodos histórico, funcionalista e comparativo. O primeiro, consistindo no estudo investigativo do encadeamento de fatos no decorrer do tempo, propicia o conhecimento de como as instituições alcançaram sua forma atual através de alterações de suas partes componentes, ao longo do tempo, e influenciadas pelo contexto cultural particular de cada época. O segundo considera, caracterizado pela visualização das funções que as unidades desempenham num sistema organizado. O último, enfim, consiste na comparação dos fenômenos estudados com outros semelhantes em diversos momentos históricos.

O primeiro capítulo, para fins de contextualização do cerne deste trabalho, será dedicado às fontes do Direito Internacional Público. É importante conhecê-las, afinal, se posteriormente os atos unilaterais vão ser estudados como uma "nova" fonte do Direito Internacional, devem ser conhecidas, antes disso, as fontes clássicas e o desenvolvimento que levou à constatação de um processo de reavaliação das fontes do Direito Internacional. O referido capítulo é estruturado para atender três linhas expositivas: o conceito de fontes do Direito Internacional, quais são as fontes consideradas clássicas e quais são os meios auxiliares e as denominadas "novas fontes", tudo isso sob o pano de fundo do fenômeno de constante reavaliação das fontes.

O segundo capítulo destina-se a avaliar se e porquê os atos unilaterais podem ser incluídos nas fontes do Direito Internacional. Neste território, será empreendida uma incursão sobre a temática com base nas mais diversas opiniões doutrinárias relacionadas e levando-se em conta os exemplos que podem ser colhidos na prática internacional no decorrer da história. Em função da relevância e abrangência, também será realçado o estudo que os atos unilaterais inspiraram no seio da Comissão de Direito Internacional da Organização das Nações Unidas.

O terceiro capítulo, por fim, tem a missão de expor outros aspectos representativos da repercussão dos atos unilaterais dos Estados no Direito Internacional, em forma de complementar o capítulo precedente. Esses aspectos já foram acima introduzidos e consistem nos seguintes tópicos: relativização da soberania e atos unilaterais dos Estados; humanização do Direito Internacional e atos unilaterais dos Estados; e controle exercido pelos órgãos internacionais e atos unilaterais dos

Estados. O encerramento de tal capítulo ficará por conta da avaliação da problemática envolvendo a construção da Usina de Belo Monte no Brasil e seu questionamento perante a Comissão Interamericana de Direitos Humanos, como forma de exemplificar, através de um caso prático, a repercussão de um ato unilateral do Estado no plano internacional.

2. ORDEM JURÍDICA INTERNACIONAL

2.1. Fontes do Direito Internacional Público

A compreensão do Direito Internacional Público perpassa pelo estudo de um tema que, a par de seu caráter clássico na seara da teoria geral do direito, constitui-se em objeto fundamental de estudo daquele ramo jurídico: as fontes do direito. Com efeito, a sobredita relevância do tema se justifica, segundo Ian Brownlie, pelo fato de que as fontes do Direito Internacional Público representam os elementos básicos do regime jurídico internacional[1].

Conforme interessante síntese de Valério de Oliveira Mazzuoli, tratar das fontes do Direito Internacional Público é questionar-se: "do que é composto (ou formado) o Direito Internacional Público? A resposta encontra-se no estudo de suas fontes"[2]. De fato, quando o Direito é

---

[1] BROWNLIE, Ian. **Princípios de direito internacional público.** Lisboa: Fundação Calouste Gulbenkian, 1997. p. 13.
[2] MAZZUOLI, Valério de Oliveira. **Curso de direito internacional público.** 9. ed. rev., atual. e ampl. São Paulo: Editora Revista dos Tribunais, 2015. p. 127.

entendido segundo uma concepção objetiva, ele significa, justamente, um conjunto de normas jurídicas. Assim sendo, aplicando esse raciocínio especificamente ao Direito Internacional, este poderia ser definido, objetivamente, como um conjunto de normas jurídicas que regulam as relações entre os sujeitos com personalidade jurídica internacional, de modo que tais normas seriam reveladas pelas aludidas fontes. Daí se concluir que, ao se falar em fontes do Direito Internacional, fala-se na sua formação – pois as fontes revelam as normas e estas compõem (formam) o Direito das Gentes.

Inegavelmente, tais fontes, quando analisadas do ponto de vista específico do Direito das Gentes, apresentam certas peculiaridades que são outorgadas pela própria dinâmica das relações internacionais. Diante de tais premissas, é cediço que se voltem os olhos para essa temática sobre a qual repousam relevantes discussões e problemáticas, e que acarreta diversos efeitos práticos.

A expressão "fonte do direito" é utilizada, pois, no âmbito da ciência jurídica, para indicar as diversas formas pelas quais o direito se manifesta ou os aspectos da vida que inspiram sua criação. O sentido da aludida expressão foi explicado, didaticamente, através de uma metáfora delineada no âmbito dos estudos clássicos empreendidos por alguns autores, segundo os quais, conforme aduzem Arno Dal Ri Júnior e Lucas Carlos Lima, "o curso de água é algo que se pode ver, é concreto, é nítido", de tal modo que, seguindo-o, "se chegará até o lugar em que ele nasce; estaria aí a fonte do direito internacional, a origem da normatividade que o curso de água representa"[3]. Tal concepção, então, "enxerga a conceituação de fonte do direito internacional relacionada à origem de normatividade, ou seja, do ponto de origem das demais normas que compõem o ordenamento"[4].

A partir da definição do que sejam fontes do direito, a doutrina passou a classificá-las em fontes materiais e formais, classificação esta que também tem sido transposta para os domínios do Direito Internacional para a definição das fontes materiais e das fontes formais do Direito Internacional Público.

As fontes materiais referem-se às circunstâncias da vida social que inspiram a criação da norma. Segundo Miguel Reale, as fontes materiais pertencem à Política do Direito, e não ao universo da Ciência do Direito propriamente, uma vez que dizem respeito à uma gama de

---

[3] DAL RI JÚNIOR, Arno; LIMA, Lucas Carlos. **A flexibilização da doutrina clássica de fontes e o papel das decisões judiciais no ordenamento internacional.** X Anuário Brasileiro de Direito Internacional. Centro de Direito Internacional. p. 54.
[4] Ibid.

fatores sociológicos, econômicos, ecológicos, psicológicos e culturais que condicionam a edição e a formalização das diversas fontes do Direito[5]. Assim, enquanto no "plano do Direito interno têm-se as necessidades sociais de elaboração de determinada regra de conduta", no que tange ao Direito Internacional, "têm-se as necessidades que decorrem das relações dos Estados e das organizações internacionais de regulamentarem suas relações recíprocas"[6]. Conclui-se, portanto, que as fontes materiais são aquelas que determinam ou inspiram o conteúdo da norma jurídica em si, com base nos inúmeros aspectos já referidos.

De outro lado, as fontes formais indicam os instrumentos pelos quais o direito se manifesta, como as leis. São, desse modo, as "formas pelas quais o Direito (especialmente o Direito positivo) pode desenvolver-se para atuar e se impor, disciplinando as relações jurídicas"[7]. É esta modalidade de fontes que mais interessa ao Direito, objeto do presente trabalho.

Com base no exposto, pode-se dizer, noutros termos, que analisar as fontes do direito significa encontrar

---

[5] REALE, Miguel. **Fontes e modelos do direito:** para um novo paradigma hermenêutico. São Paulo: Saraiva, 1994. p. 2.
[6] MAZZUOLI, Valério de Oliveira. **Curso de direito internacional público.** 9. ed. rev., atual. e ampl. São Paulo: Editora Revista dos Tribunais, 2015. p. 128.
[7] Ibid., p. 129.

o lugar em que podem ser localizadas as normas jurídicas que regem o convívio em sociedade; de onde podemos extrair o direito aplicável; ou quais são os veículos ou instrumentos aptos para indicarem o que seja o direito.

Tratando-se do plano interno dos Estados soberanos, a Constituição é alçada à qualidade de norma hierarquicamente superior às demais, de modo que, abaixo do plano constitucional, a lei é a fonte formal mais importante naqueles Estados que adotam o sistema de *Civil Law*, ao passo que a importância dela é mitigada naqueles Estados com tradição da *Common Law*, que apresentam um sistema de precedentes obrigatórios.

No Direito Internacional, todavia, por não haver uma esfera central de poder e, portanto, não existir o monopólio da criação do direito, não existe uma Constituição ou leis no sentido estrito de que se tratou no parágrafo precedente. Naquele âmbito, a produção normativa é fruto da vontade organizada dos inúmeros Estados que se posicionam com paridade na sociedade internacional[8]. Estes, a par de serem destinatários das regras

---

[8] Deve-se ressaltar que é inegável (visto que está ultrapassada a ideia de que os Estados são os únicos com personalidade jurídica internacional) que contribuem para a formação do Direito internacional contemporâneo atores outros que também possuem a qualidade de sujeito de Direito Internacional. A prática internacional contempla um alcance bem amplo, dentro do qual inserem-se atores como as Organizações Internacionais e, até mesmo, os indivíduos, que também

e princípios que integram a ordem internacional, também são os protagonistas da sua criação, de forma que a criação do direito, na seara internacional, é difusa, não havendo "representação, como no caso dos parlamentos nacionais que se propõem exprimir a voz dos povos, nem prevalece o princípio majoritário"[9].

A partir das relações, dos ajustes e da organização das pessoas de Direito Internacional entre si, dentro de um quadro de coordenação e horizontalidade (sem qualquer hierarquia jurídica entre eles)[10], são formados instrumentos como as convenções internacionais e os costumes. Esses institutos são alguns dos exemplos de fontes clássicas que exteriorizam o Direito Internacional e que vêm sendo estudadas e reavaliadas constantemente desde o nascedouro desse direito.

Como se vê, não há um procedimento único e específico, definido por uma Constituição, para determinar as normas jurídicas internacionais, mas a criação de tais normas se dá de várias formas, seja a partir de uma fonte cuja formação se dá após várias etapas procedimentais

---

atuam em tal plano. É esta a concepção à qual o presente trabalho também se filia.

[9] REZEK, José Francisco. **Direito internacional público**: curso elementar. 15. ed. rev. e atual. São Paulo: Saraiva, 2014. p. 17.

[10] Apesar de existirem desigualdades de fato, que ocasionam um protagonismo maior a determinados Estados.

(tratados ou convenções internacionais), seja a partir de uma fonte nascida espontaneamente do convívio entre os atores da esfera internacional (costumes).

No contexto dos documentos internacionais do decorrer da história, já se afirmou, na doutrina, que a "Convenção da Haia, de 18 de outubro de 1907, que criou o Tribunal Internacional de Presas, foi o primeiro texto internacional a estabelecer um rol de fontes do Direito Internacional Público"[11]. No seu artigo 7º, a dita Convenção consignou o seguinte:

> Se a questão de direito a resolver estiver prevista por uma convenção em vigor entre o beligerante captor e a Potência que for parte do litígio, ou cujo nacional for parte dele, o Tribunal decidirá conforme as estipulações da mencionada convenção. Na falta dessas estipulações, o Tribunal aplicará as regras do Direito Internacional. Se não existirem regras internacionalmente reconhecidas, o Tribunal decidirá de acordo com os princípios gerais do direito e da equidade.

No entanto, é no Estatuto da Corte Internacional de Justiça, órgão judiciário da Organização das Nações Unidas, que se encontra o rol mais conhecido de fontes do Direito Internacional, nos termos do seu artigo 38. Na

---

[11] MAZZUOLI, Valério de Oliveira. **Curso de direito internacional público**. 9. ed. rev., atual. e ampl. São Paulo: Editora Revista dos Tribunais, 2015. p. 130.

verdade, o histórico de tal dispositivo remonta a 1920, quando ocorreram debates entre importantes estudiosos para formulação de um projeto que visava o estabelecimento de uma Corte Permanente de Justiça Internacional. Por isso, o atual artigo 38 do Estatuto da Corte Internacional de Justiça é praticamente igual ao mesmo artigo da Corte Permanente de Justiça Internacional, que antecedeu aquela[12].

O aludido artigo 38, todavia, serve para guiar a atuação judicial do Tribunal na resolução das controvérsias que lhe são submetidas. Tal é a finalidade para a qual o artigo foi redigido. Ainda assim, ele tem sido utilizado como parâmetro para a listagem de tais fontes, de modo que a doutrina internacionalista agrupa, de forma mais ou menos constante, as fontes que ali se fazem presentes[13].

Desse modo, a análise das fontes do Direito das Gentes, conquanto pautada de forma ampla com base nos estudos doutrinários e na efetiva consideração da prática internacional, far-se-á aliada com esse catálogo clássico de

---

[12] TRINDADE, Antônio Augusto Cançado. **A humanização do direito internacional**. 2. ed. rev., atual. e ampl. Belo Horizonte: Del Rey, 2015. p. 29.

[13] Segundo Antônio Augusto Cançado Trindade, em relação às fontes listadas no artigo 38 do Estatuto: "tornou-se comum, - mais cômodo, - ao longo dos anos, nos numerosos livros e cursos dedicados à matéria, tomar reiteradamente como ponto de partida para o estudo da mesma o disposto no art. 38 do Estatuto da Corte Internacional de Justiça (CIJ), virtualmente idêntico ao mesmo artigo do Estatuto da anterior Corte Permanente de Justiça Internacional (CPJI)". (Ibid.).

fontes expressamente previstas no aludido documento internacional.

2.2. O catálogo clássico das fontes do Direito Internacional Público

Em virtude do caráter difuso da construção da ordem jurídica internacional, pode-se dizer que o Estatuto da Corte Internacional de Justiça, inspirado por uma tendência de codificação e de busca por sistematização, passou a enunciar um catálogo de fontes tidas como as principais do Direito Internacional Público. Principais tendo em vista que o catálogo espelha o que já se verificava na prática internacional, se tornando um ponto de partida comum para o estudo do tema.

No artigo 38 fez-se referência, por exemplo, às convenções, aos costumes e aos princípios gerais de direito, modelos jurídicos cujo destaque se justifica pela forte identificação com o próprio Direito Internacional. Nos termos do artigo citado, foi definido o que seria Direito Internacional para fins das soluções das controvérsias submetidas à Corte., conforme se observa a seguir:

> Artigo 38. 1. A Corte, cuja função é decidir de acordo com o direito internacional as controvérsias que lhe forem submetidas, aplicará:

> a) as convenções internacionais, quer gerais, quer especiais. que estabeleçam regras expressamente reconhecidas pelos Estados litigantes;
> b) o costume internacional, como prova de uma prática geral aceita como sendo o direito;
> c) os princípios gerais de direito reconhecidos pelas Nações civilizadas;
> d) sob ressalva da disposição do art. 59, as decisões judiciárias e a doutrina dos publicistas mais qualificados das diferentes Nações, como meio auxiliar para a determinação das regras de direito.
> 2. A presente disposição não prejudicará a faculdade da Corte de decidir uma questão *ex aeque et bono*, se as partes com isto concordarem.

Começando pelos costumes internacionais, por serem a fonte mais antiga do Direito Internacional, pode-se dizer que eles consubstanciam-se em práticas que, no curso do tempo, se repetiram de maneira uniforme e constante. Assim, os Estados visualizam tais práticas como verdadeiras normas com força de direito e, portanto, obrigatórias.

As regras costumeiras foram o primeiro passo para a formação de um ordenamento jurídico internacional, pois, à medida que se tornava cada vez mais necessário o relacionamento entre as diferentes nações, determinadas normas deveriam se fazer presentes para regular o convívio entre elas. Por não haver uma autoridade central na ordem internacional, de onde pudessem promanar as normas internacionais, os costumes tiveram esse terreno mais fértil para um desenvolvimento inicial no plano do Direito Internacional, razão pela qual o costume internacional pode ser visualizado como "a primeira fonte do Direito Internacional a aparecer e a ganhar vida" ou como a "fonte-base e anterior de todo o Direito Internacional Público"[14].

Pela sua condição de fonte primeira do Direito Internacional, inicialmente os costumes eram fruto da criação dos próprios Estados, considerados como os sujeitos do Direito das Gentes por excelência. No entanto, o velho paradigma que reduzia o Direito Internacional a um Direito Interestatal foi dando lugar à uma concepção mais consentânea com a realidade internacional que, sendo mais complexa do que se propugnava, abarca outros atores além dos Estados soberanos.

Assim, com o surgimento das Organizações Internacionais, o ordenamento jurídico internacional passou a ter um novo pólo de formação de regras costumeiras. Outrora, apenas os Estados soberanos eram os atores na formação dos costumes. Agora, no entanto, com o

---

[14] MAZZUOLI, Valério de Oliveira. **Curso de direito internacional público**. 9. ed. rev., atual. e ampl. São Paulo: Editora Revista dos Tribunais, 2015. p. 135.

surgimento daqueles novos sujeitos, também alargou-se a aptidão de função criadora do direito consuetudinário.

Nos termos da redação estampada no artigo 38 do Estatuto da Corte Internacional de Justiça, o costume é definido como "prova de uma prática geral aceita como sendo o direito". Na verdade o costume é o próprio resultado da prática, pois, quando esta prática passa a ser qualificada como contínua e uniforme, bem como reconhecida como juridicamente exigível, se passa a ter caracterizado o costume internacional.

Diante dessas qualificações, o costume é estruturado por dois elementos indispensáveis para a sua verificação: um elemento material ou objetivo e um elemento subjetivo ou psicológico.

O elemento material relaciona-se aos atos e comportamentos dos Estados e Organizações Internacionais que, reproduzidos, repetidos ou imitados de forma progressiva e espontânea, conduzem à formação da prática geral e uniforme.

O elemento subjetivo é denominado de *opinio juris*, ou seja, a convicção do direito. A partir dessa convicção, atribui-se à prática generalizada de determinado ato internacional o caráter de regra jurídica. Sem o aludido elemento subjetivo, "o hábito estatal ou organizacional relativo à determinada questão de fato não passará de mera cortesia ou simples uso, sem qualquer obrigatoriedade dentro do universo do Direito"[15].

Os costumes internacionais foram dominantes, entre as fontes do Direito Internacional, até o século XVII, marco histórico a partir do qual, após os Tratados de Westfália, as convenções internacionais passaram a ganhar especial destaque. Ainda que os tratados tenham ganhado uma ascensão quantitativa e qualitativa, os costumes ainda guardam um papel de grande relevância, pois estabelecem "um corpo de regras universalmente aplicáveis em vários domínios do direito das gentes" e permitem "a criação de regras gerais, que são as regras-fundamentos da constituição da sociedade internacional"[16].

As convenções internacionais (ou tratados) como fonte de juridicidade do ordenamento internacional, por sua vez, são definidas como um acordo formal calcado na convergência de vontades, da qual resultará um texto convencional escrito.

---

[15] MAZZUOLI, Valério de Oliveira. **Curso de direito internacional público**. 9. ed. rev., atual. e ampl. São Paulo: Editora Revista dos Tribunais, 2015. p. 139.
[16] MAZZUOLI, Valério de Oliveira. **Curso de direito internacional público**. 9. ed. rev., atual. e ampl. São Paulo: Editora Revista dos Tribunais, 2015. p. 135.

O tratado é considerado, então, um acordo formal no sentido de que resultará na feitura de um documento escrito, repositório de tudo quanto foi decidido após o indispensável diálogo entre os sujeitos que participaram do processo de sua elaboração. A formalidade, portanto, implica a escritura, e é a partir do texto convencional escrito que se extrairão as normas atinentes à matéria regulada.

Assim, pode-se dizer, na esteira da doutrina de Francisco Rezek, que o tratado pode ser visualizado sob a dupla qualidade de ato jurídico e de norma[17]. Ato jurídico porque, primeiramente, os sujeitos de Direito das Gentes precisam entrar em acordo. Será a partir do acordo formal (ato jurídico) que resultarão as normas propriamente ditas. Assim, o mencionado autor aponta que o "acordo formal entre Estados é o ato que produz a norma, e que por produzi-la desencadeia efeitos de direito, gera obrigações e prerrogativas, caracteriza enfim, na plenitude de seus dois elementos, o tratado internacional"[18].

Por outro lado, os tratados podem ser firmados apenas por alguns dos sujeitos de Direito Internacional Público, mais precisamente os Estados e as Organizações

---

[17] REZEK, José Francisco. **Direito internacional público**: curso elementar. 15. ed. rev. e atual. São Paulo: Saraiva, 2014. p. 26.
[18] Ibid.

Internacionais[19]. Assim, quando se fala que os tratados são o fruto de uma convergência de vontades significa que ele é resultado da convergência de vontades dos Estados e Organizações Internacionais que, visando a regulamentação de determinada questão de interesse comum, instauram um processo dialético para definirem as regras que comporão a convenção a ser elaborada.

Esse *animus* – essa busca pela regulamentação jurídica de determinada questão – que inspira a formação dos tratados, é denominado por Francisco Rezek de *animus contrahendi*, ou seja, a "vontade de criar autênticos vínculos obrigacionais entre as partes concordantes"[20]. É indispensável, portanto, a atribuição de efeitos de direito ao acordo que se visa constituir, de tal modo que são esses efeitos jurídicos que diferenciam um acordo comum dos tratados.

O processo de formulação dos tratados, diferentemente das leis internas de cada Estado, não está

---

[19] Paulo Henrique Gonçalves Portela assevera, entretanto, a capacidade da Santa Sé, dos beligerantes, dos insurgentes, dos blocos regionais e do Comitê Internacional da Cruz Vermelha para celebrarem tratados. Ainda, em grau excepcional, admite a possibilidade de entidades subnacionais, com autorização do governo central, de celebrarem referidos acordos convencionais. (PORTELA, Paulo Henrique Gonçalves. **Direito internacional público e privado.** 7. ed. rev., ampl. e atual. Salvador: Juspodivm, 2015. p. 94).

[20] REZEK, José Francisco. **Direito internacional público**: curso elementar. 15. ed. rev. e atual. São Paulo: Saraiva, 2014. p. 26.

afeto a um único órgão central. Tal processo é marcado, outrossim, por um diálogo coordenado entre diversos Estados e/ou Organizações Internacionais, que são, ao mesmo tempo, destinatários e produtores do Direito Internacional. Nesse processo de elaboração, podem ser visualizadas várias etapas, como a negociação, assinatura, ratificação, entrada em vigor e o registro e publicidade, havendo também uma fase interna – regulada de acordo com o Direito de cada país – mediante a qual incorpora-se o tratado à ordem interna.

Não há na ordem internacional, ademais, uma norma central, superior à todas as demais – nos moldes das Constituições do Estados soberanos – que reúna a disciplina do processo de elaboração das normas internacionais. No entanto, em movimento intensificado no século XX, normas costumeiras sobre tratados passaram a ser codificadas, a fim de que fosse reunido, em convenções internacionais, o regramento da elaboração e aplicação dos tratados.

Foi dentro desse fenômeno que foram celebrados os dois principais instrumentos que trazem o regramento disciplinador da elaboração e aplicação dos tratados, quais sejam, a Convenção de Viena sobre Direito dos Tratados, de 1969, e a Convenção de Viena sobre o Direito dos Tratados entre Estados e Organizações

Internacionais ou entre Organizações Internacionais, de 1986.

A Convenção de Viena sobre Direito dos Tratados, define-os como sendo "um acordo internacional concluído por escrito entre Estados e regido pelo Direito Internacional, quer conste de um instrumento único, quer de dois ou mais instrumentos conexos, qualquer que seja sua denominação específica" (artigo 2, 1, "a").

O conceito acima, plasmado na Convenção referida, tem sido uma guia ou uma base para os conceitos que têm sido expostos na própria doutrina internacionalista. No entanto, esse conceito ainda mostrava-se incompleto, pois carecia da referência às Organizações Internacionais como sujeitos com capacidade para firmar tratados.

A Convenção de Viena sobre o Direito dos Tratados entre Estados e Organizações Internacionais ou entre Organizações Internacionais, tratado assinado posteriormente, veio corrigir essa lacuna, positivando uma possibilidade que já ecoava na doutrina internacionalista e que era presente na prática internacional: a faculdade das Organizações Internacionais de, também, celebrarem tratados. Assim, aquela Convenção de 1986 veio complementar a primeira, de 1969.

Das características atinentes aos tratados resulta a conclusão de que eles vêm ocupando posição cada vez mais proeminente no Direito Internacional, devido à sua melhor operacionalidade – afinal possuem a vantagem de ter os atributos da estabilidade e da segurança – e por exprimirem com nitidez a ideia de representatividade e legitimidade. Não é por outra razão que Mazzuoli considera-os como:

> a principal e mais concreta fonte do Direito Internacional Público na atualidade, não apenas em relação à segurança e estabilidade que trazem nas relações internacionais, mas também porque tornam o direito das gentes mais representativo e autêntico, na medida em que se consubstanciam na vontade livre e conjugada dos Estados e das organizações internacionais, sem a qual não subsistiriam. Além de serem elaborados com a participação direta dos Estados, de forma democrática, os tratados internacionais trazem consigo a especial força normativa de regularem matérias das mais variadas e das mais importantes. Além disso, os tratados internacionais dão maior segurança aos Estados no que respeita à existência e interpretação da norma jurídica internacional; ou seja, são a fonte do Direito Internacional mais direta, clara e fácil de comprovar[21].

---

[21] MAZZUOLI, Valério de Oliveira. **Curso de direito internacional público**. 9. ed. rev., atual. e ampl. São Paulo: Editora Revista dos Tribunais, 2015. p. 133.

Na esteira do catálogo do artigo 38 do Estatuto, os princípios gerais de direito também qualificam-se como fonte do Direito Internacional. Dotados de uma textura aberta, maior generalidade e maior abstração, reconhece-se nos princípios a função de dar coerência e base a um sistema normativo.

No campo jurídico internacional, tais princípios, como suas próprias características citadas acima fazem compreender, também possuem nítida importância na evolução do Direito Internacional. Muitos desses princípios serviram de inspiração para a redação de enunciados normativos contidos em tratados; outros passaram, com o tempo, a integrar os costumes internacionais. Em virtude da codificação das normas derivadas desses princípios em convenções internacionais e da sua alocação no direito costumeiro, eles têm sido "modernamente entendidos como não mais do que fontes secundárias do direito das gentes"[22].

Os princípios gerais de direito aos quais o Estatuto faz referência são aqueles consagrados nos sistemas jurídicos dos Estados e que contam com o reconhecimento destes como expressão do Direito das Gentes. Melhor explicando, esses princípios são aqueles que

---

[22] MAZZUOLI, Valério de Oliveira. **Curso de direito internacional público**. 9. ed. rev., atual. e ampl. São Paulo: Editora Revista dos Tribunais, 2015. p. 149.

se fazem presentes nos principais sistemas jurídicos existentes (presentes, portanto, nas ordens jurídicas internas dos Estados) e que, por figurarem de forma tão expressiva e ampla nos sistemas jurídicos de tantos Estados, ganham a generalidade e a universalidade necessárias (e não absolutas) para serem aplicados nas controvérsias levadas à Corte Internacional de Justiça. Logo, não é preciso que todos os Estados existentes reconheçam o princípio geral de direito como tal, sendo suficiente que um número considerável de Estados o consagre.

Podem ser citados entre os princípios gerais de direito aplicados no Direito Internacional os princípios da boa-fé, *res judicata,* da proteção da confiança, do *pacta sunt servanda,* da vedação ao abuso de direito, dentre outros.

Diferenciam-se esses princípios gerais de direito dos princípios gerais do direito (no caso, princípio gerais do Direito Internacional propriamente dito). Estes, por decorrerem diretamente da ordem internacional, são aplicados de forma imediata, não havendo qualquer dúvida quanto sua juridicidade e seu caráter de fonte desse ramo do direito, de modo que sua não referência no rol proposto é justificada pelo fato de nascerem diretamente da ordem internacional.

Valério de Oliveira Mazzuoli explica a diferenciação examinada acima e indica, ademais, que opera-se um fenômeno de transposição dos princípios gerais de direito (que encontram-se nos domínios das ordens estatais) para os domínios do ordenamento jurídico internacional. Veja-se, pois, nos termos da doutrina do mencionado autor, em que consiste esse fenômeno da transposição e como ele configura-se no elo condutor que permite a aplicação dos princípios gerais de direito nas relações internacionais:

> Perceba-se que o Estatuto faz referência aos "princípios gerais de direito" e não aos "princípios gerais do direito". Aqueles nascem de uma convicção jurídica generalizada (quase universal) contida nos principais sistemas jurídicos das diversas nações, ao passo que estes últimos provêm, direta e originariamente, da própria prática internacional (v.g., dos tratados, dos costumes etc.), pertencendo com exclusividade à ordem jurídica internacional. Como costumamos dizer, os princípios gerais de direito provêm de baixo (da ordem estatal) e ascendem à ordem superior (internacional) quando de sua aplicação pela CIJ num caso concreto, ao passo que os segundos - os princípios gerais do direito - já nascem da ordem de cima (da ordem internacional) e são diretamente aplicados por ela.
> [...]
> Assim, o fenômeno que aqui se constata é o da "transposição" do princípio reconhecido *in foro domestico* que, com o tempo, ascende ao plano internacional e desse plano vai-se tornando parte, a fim de

preencher as lacunas que ali eventualmente se façam presentes. Nem todos os princípios comuns às ordens domésticas, portanto, são aplicáveis à ordem internacional, impondo-se, para tanto, a citada "transposição"[23].

No Direito das Gentes, as principais fontes são os costumes e os tratados internacionais. Além destas, os princípios gerais de direito também se qualificam como fonte. Entretanto, existem meios auxiliares que, apesar de não serem fontes no sentido técnico, constituem-se em instrumentos que auxiliam na interpretação e aplicação do Direito Internacional. Antônio Augusto Cançado Trindade até mesmo estende a tais institutos[24] um tratamento dentro do regime das fontes do Direito Internacional[25].

O que se deve ter em vista, como já ressaltado anteriormente, é que o artigo 38 do Estatuto da Corte Internacional de Justiça "jamais pretendeu se constituir em fórmula peremptória e exaustiva das fontes do Direito Internacional, mas tão somente em guia à atuação judicial da Corte Internacional da Haia"[26].

---

[23] MAZZUOLI, Valério de Oliveira. **Curso de direito internacional público**. 9. ed. rev., atual. e ampl. São Paulo: Editora Revista dos Tribunais, 2015. p. 150.

[24] Como a jurisprudência internacional e a equidade.

[25] Para tanto, vale a consulta do seu texto "A formação do Direito Internacional Contemporâneo: Reavaliação Crítica da Teoria Clássica de suas 'Fontes'", que pode ser encontrado na obra "A humanização do Direito Internacional", da editora Del Rey.

Nesse ínterim, despontam outras fontes que, apesar de não inseridas naquele Estatuto, também são aptas a exteriorizar o Direito Internacional. São atos e fatos aos quais, inegavelmente, podem ser atribuídos efeitos jurídicos. Por isso que as fontes passaram (e passam) por um processo de reavaliação. Segundo tal processo, que acolhe o entendimento do caráter exemplificativo do rol disposto no Estatuto da Corte Internacional de Justiça e volta os olhos para a vivência internacional, podem ser incluídos, dentre outros, os atos unilaterais dos Estados e as decisões emanadas das Organizações Internacionais na qualificação de fonte do Direito Internacional.

Tendo presente essa realidade, serão analisados a seguir os modelos que compõem os denominados meios auxiliares, com a posterior introdução das intituladas "novas" fontes.

2.3. Os meios auxiliares e as denominadas "novas fontes"

Ao lado dos tratados, costumes e princípios gerais do direito, o próprio Estatuto da Corte Internacional

---

[26] TRINDADE, Antônio Augusto Cançado. **A humanização do direito internacional**. 2. ed. rev., atual. e ampl. Belo Horizonte: Del Rey, 2015. p. 30.

de Justiça elencou institutos que oferecem auxílio na aplicação, determinação ou interpretação das normas jurídicas internacionais. São os denominados meios auxiliares, compostos pelas decisões judiciais e pela doutrina.

As decisões judiciais compõem a jurisprudência internacional, ou seja, o conjunto de decisões tomadas pelos tribunais internacionais no mesmo sentido para casos semelhantes atinentes ao mesmo assunto. Incluem-se nesse conceito as sentenças proferidas pelos tribunais internacionais (inclusive aqueles *ad hoc*) e cortes arbitrais, bem como os pareceres emitidos pelas Cortes dentro das suas respectivas competências consultivas.

A doutrina que se reconhece como meio auxiliar na determinação das normas de Direito Internacional, por outro lado, é aquela produzida pelos publicistas mais qualificados das diferentes nações.

Esses juristas aos quais o Estatuto faz menção não se referem necessariamente às pessoas físicas, aos autores de livros acadêmicos. A expressão deve ser interpretada de forma ampla, pois existem diversas entidades, associações científicas ou mesmo departamentos de Organizações Internacionais que se ocupam do estudo do Direito Internacional, visando o seu aprimoramento ou a busca de outras alternativas para o *corpus* jurídico-normativo internacional. Assim sendo, considera-se doutrina de grande repercussão e relevância os trabalhos empreendidos por institutos, entidades e organizações (e todos os outros assemelhados) dedicados à pesquisa em Direito Internacional, bem como dos órgãos constantes das próprias Organizações Internacionais que buscam contribuir para os avanços na área do Direito das Gentes.

O artigo 38 do Estatuto da Corte Internacional de Justiça reserva seu último tópico à equidade, ao prescrever que é facultada à Corte decidir uma questão *ex aeque et bono*, se as partes com isto concordarem.

Tem-se, então, um método de decisão aplicável nas hipóteses em que as partes anuírem com tal possibilidade, razão pela qual sua aplicação é limitada. A equidade pode ser conceituada, em apertada síntese, como a justiça no caso concreto. O julgador decide invocando preceitos de justiça da forma como melhor se amoldem ao caso concreto, nas ocasiões em que a matéria não esteja regulada ou quando, mesmo existindo uma norma jurídica internacional incidente sobre o caso, ela se mostra ineficaz ou injusta.

Explicitou-se anteriormente – e cabe, agora, retomar a ideia – que um processo de reavaliação das fontes do Direito Internacional mostra-se em pleno curso. O problema das fontes, com efeito, não é novo, e as peculiaridades das relações existentes na sociedade internacional conduzem à uma descentralização do ordenamento jurídico internacional. Tal fenômeno demonstra que as fontes estão em processo de constante interação, e a reavaliação pela qual atravessam decorre, por exemplo, de um conjunto de mudanças ocorridas – que ainda hoje operam efeitos – após a Segunda Grande Guerra, bem como do aparecimento de novos atores do Direito das Gentes. Assim, configurou-se uma ampliação dos meios de produção das normas jurídicas internacionais[27].

A partir disso, as decisões das Organizações Internacionais, exteriorizadas, por exemplo, através de resoluções, e os atos unilaterais dos Estados, têm sido alocados dentro da qualificação de fonte do Direito Internacional. Fala-se também no *jus cogens,* nas obrigações *erga omnes* e no *soft law* como categorias que, senão fontes, contribuem para o desenvolvimento do Direito Internacional.

A norma de *jus cogens* é aquela à qual "a sociedade internacional atribui importância maior e que, por

---

[27] MAZZUOLI, Valério de Oliveira. **Curso de direito internacional público**. 9. ed. rev., atual. e ampl. São Paulo: Editora Revista dos Tribunais, 2015. p. 127-128.

isso, adquire primazia dentro da ordem jurídica internacional, conferindo maior proteção a valores entendidos como essenciais"[28]. Por isso, as normas de *jus cogens* também são denominadas de normas imperativas de Direito Internacional ou normas peremptórias de Direito Internacional.

A referência ao referido instituto está localizada no artigo 53 da Convenção de Viena sobre o Direito dos Tratados, segundo o qual:

> É nulo um tratado que, no momento de sua conclusão, conflite com uma norma imperativa de Direito Internacional geral. Para os fins da presente Convenção, uma norma imperativa de Direito Internacional geral é uma norma aceita e reconhecida pela comunidade internacional dos Estados como um todo, como norma da qual nenhuma derrogação é permitida e que só pode ser modificada por norma ulterior de Direito Internacional geral da mesma natureza.

O conteúdo dessas normas imperativas não é expresso, de modo tal que seu conteúdo não é definido *a priori*, mas, sim, a partir de um reconhecimento – localizado histórica, política e socialmente – de certos valores como essenciais e vitais para a sociedade

---

[28] PORTELA, Paulo Henrique Gonçalves. **Direito internacional público e privado.** 7. ed. rev., ampl. e atual. Salvador: Juspodivm, 2015. p. 73.

internacional. Logo, o seu conteúdo não é estanque, sendo mutável de acordo com as transformações da realidade. Podem ser inseridas nessa categoria de normas aquelas atinentes aos direitos humanos, ao direito à paz e de proteção ao meio ambiente.

As obrigações *erga omnes* são categorias que podem ser confundidas com o *jus cogens*, dada a característica comum de ambos agasalharem valores primordiais. Soma-se à isso a textura aberta desses institutos. Ocorre que a qualificação *"erga omnes"* indica uma incidência universal, ou seja, implicam na aplicabilidade a todos os sujeitos de Direito das Gentes. Essas obrigações, no entanto, possuem uma posição materialmente inferior e não possuem as características da inderrogabilidade e da imperatividade, encontradas no *jus cogens*[29]. Pode-se dizer que uma norma de *jus cogens* constitui também uma obrigação *erga omnes*, mas a recíproca não é verdadeira.

O *soft law* é entendido como sendo um direito "flexível" ou "maleável", isso porque revela uma modelo que pauta a conduta dos Estados de uma maneira mais adaptável às suas respectivas realidades e necessidades. O

---

[29] MAZZUOLI, Valério de Oliveira. **Curso de direito internacional público**. 9. ed. rev., atual. e ampl. São Paulo: Editora Revista dos Tribunais, 2015. p. 174.

soft law foi concebido recentemente, "dentro de um contexto em que o dinamismo dos fluxos de bens, de serviços, de informações e de pessoas no mundo e o aumento da interdependência entre os Estados exigem modos mais ágeis e maleáveis de estabelecer regras de convivência"[30].

Questões relacionadas à economia, finanças e tecnologia, tão dinâmicas e sobre as quais tantas mudanças são operadas, dia após dia, são exemplos de matérias afetas à tal forma de regulação. Diplomas como os acordos de cavalheiros, os acordos não vinculantes, os comunicados e declarações conjuntos, códigos de conduta e resoluções não vinculantes de organismos internacionais têm sido considerados representativos do *soft law*.

Vislumbra-se nessa categoria um "conjunto de normas sem valor propriamente 'jurídico' ou com valor normativo menor que o das normas tradicionais"[31]. Além disso, o instituto ainda não ostenta contornos tão definidos, bem como uma natureza jurídica pacificada, peculiaridades que fazem com que seu estudo exija cautela e maior desenvolvimento. Por essas razões, muitos autores preferem

---

[30] PORTELA, Paulo Henrique Gonçalves. **Direito internacional público e privado.** 7. ed. rev., ampl. e atual. Salvador: Juspodivm, 2015. p. 75.
[31] MAZZUOLI, op. cit., p. 185.

não qualificá-lo como fonte do direito, mas não lhe negam uma posição de relevância para a criação e desenvolvimento do Direito Internacional Público, "servindo, por exemplo, como modelo para a elaboração de tratados e leis internas"[32] ou "como prova da *opinio juris* dos Estados relativamente a determinado tema"[33].

As decisões das Organizações Internacionais resultam da atuação que elas têm no cenário internacional, que tem sido crescente desde o surgimento e constante aprimoramento de tais pessoas jurídicas de Direito das Gentes. Essas decisões são emanadas sob a roupagem de várias nomenclaturas, sendo a mais comum a de "resoluções".

Através de referidas decisões, organismos internacionais contribuem para a "formação ou cristalização do direito consuetudinário, e possivelmente mesmo dos princípios gerais do direito, além de fornecerem indicações sobre a *opinio juris* da comunidade jurídica internacional"[34]. Assim, as decisões advindas dos organismos em comento

---

[32] PORTELA, Paulo Henrique Gonçalves. **Direito internacional público e privado.** 7. ed. rev., ampl. e atual. Salvador: Juspodivm, 2015. p. 77.

[33] MAZZUOLI, Valério de Oliveira. **Curso de direito internacional público.** 9. ed. rev., atual. e ampl. São Paulo: Editora Revista dos Tribunais, 2015. p. 185.

[34] TRINDADE, Antônio Augusto Cançado. **A humanização do direito internacional.** 2. ed. rev., atual. e ampl. Belo Horizonte: Del Rey, 2015. p. 69.

acabam por vincular os Estados, tendo em vista o efeito externo que as qualificam.

Costuma-se observar que há resoluções não vinculantes (ou meras recomendações) e outras de cunho vinculante, do qual são exemplos as resoluções do Conselho de Segurança da Organização das Nações Unidas. No entanto, é a análise caso a caso conjugada com a observância do documento constitutivo da Organização Internacional que possibilitará a extração da significação e dos efeitos de determinada decisão, tendo em vista a variedade de denominações que recebem e de efeitos e finalidades que visam efetivar[35].

Na esteira de explanação dos debates que cercam a (in)existência de novas fontes do Direito Internacional, reservou-se aos atos unilaterais dos Estados a análise que encerra o presente capítulo.

Os atos unilaterais dos Estados são aqueles que emanam da vontade de uma única soberania. Em virtude, entretanto, dos efeitos e repercussões que tais atos podem promover no âmbito internacional, considera-se que eles não cingem-se apenas ao espaço do Estado dos quais provêm. Passam a interessar, em tal medida, no estudo do Direito Internacional.

---

[35] MAZZUOLI, op. cit., p. 167-171.

Na dinâmica do mundo contemporâneo, de onde brotam as fontes materiais para a construção e redefinição do ordenamento jurídico internacional, os Estados estão cada vez mais interligados. Nessa ambiência, os atos praticados unilateralmente pelos Estados não são visualizados apenas sob uma perspectiva *interna corporis*, como sendo um assunto de único e exclusivo interesse do Estado que o produz, insuscetível a debates ou ingerências. Tais atos são examinados segundo os efeitos jurídicos que podem desencadear no plano externo.

Como cediço, Antônio Augusto Cançado Trindade atesta que:

> as fontes do Direito Internacional não são categorias estáticas: encontram-se em constante e dinâmica interação, não se exaurindo em classificações teóricas que refletem tão somente os meios de manifestação do Direito internacional prevalecentes em determinado momento histórico[36].

Assim, ademais das clássicas fontes do Direito Internacional, mais debatidas e estudadas – a exemplo dos tratados e dos costumes –, os atos unilaterais dos Estados têm merecido destaque no atual estágio do Direito

---

[36] TRINDADE, Antônio Augusto Cançado. **A humanização do direito internacional**. 2. ed. rev., atual. e ampl. Belo Horizonte: Del Rey, 2015. p. 33.

Internacional Público. Apesar de não ser nova ou imune à críticas a ideia de que aqueles atos se enquadram na categoria de fontes do Direito Internacional, o certo é que inúmeros internacionalistas não excluem tais atos da abordagem da temática afeta às fontes, como Eric Suy, Charles Rosseau, Paulo Henrique Gonçalves Portela, Valério de Oliveira Mazzuoli, dentre outros. A Comissão de Direito Internacional da Organização das Nações Unidas, inclusive, debruçou-se intensamente sobre a matéria, elaborando, sob a relatoria de Víctor Rodríguez Cedeño, inúmeros relatórios sobre os atos unilaterais dos Estados como mecanismos capazes de criarem obrigações legais.

Neste trabalho, buscar-se-á averiguar, nos capítulos seguintes, o valor dos atos unilaterais dos Estados no Direito Internacional, segundo duas linhas principais: a primeira relacionada à inclusão daqueles atos no seio das fontes do Direito Internacional; e a segunda tendente à exemplificar as repercussões de tais atos para além de sua inclusão no rol de fontes do Direito Internacional – porém, complementares e diretamente relacionadas com a problemática das fontes –, mediante a análise da conexão daqueles atos com os aspectos relacionados à relativização da soberania, à humanização do Direito Internacional e ao controle realizado pelos órgãos internacionais, com breves comentários, ao final, sobre o caso da Usina de Belo Monte e seu questionamento perante a Comissão Interamericana de Direitos Humanos. Tudo isso para demonstrar o valor e repercussão de tais atos na esfera internacional.

3. VALOR DOS ATOS UNILATERAIS DOS ESTADOS COMO FONTE DO DIREITO INTERNACIONAL

3.1. Inclusão dos atos unilaterais no rol de fontes do Direito Internacional

A ideia segundo a qual os atos unilaterais dos Estados integram-se nas chamadas fontes do Direito Internacional está relacionada, como exposto no capítulo precedente, com a amplitude das formas de manifestação do Direito das Gentes. Além das clássicas, somente podem ser admitidas novas fontes de conformação do ordenamento jurídico internacional, se for considerado que não há taxatividade nos grupos de fontes referidos com certa unanimidade na doutrina e no rol do artigo 38 do Estatuto da Corte Internacional de Justiça. É como se existisse, implicitamente, na ordem internacional, uma cláusula de abertura para a consideração de outros modelos de exteriorização do Direito Internacional, de tal modo que o rol estampado no artigo 38 do Estatuto da Corte Internacional de Justiça não exclui outras possibilidades decorrentes da dinâmica das relações internacionais.

Nesse contexto, a importância da abordagem dos atos unilaterais dos Estados se notabiliza em razão da fluidez e conexão verificadas no espaço internacional, tendo em vista que os atos dos Estados têm aptidão para repercutir além de suas fronteiras, causando efeitos jurídicos no plano internacional através, principalmente, da formação de obrigações. Com efeito, aponta Antônio Augusto Cançado Trindade que, em virtude da descentralização do ordenamento jurídico internacional e do regime de coordenação que caracteriza a coexistência dos atores internacionais, não é de se surpreender que os atos unilaterais emanados dos Estados possam gerar efeitos jurídicos[37].

Assim, o valor desses atos unilaterais para o Direito Internacional tem sido representado pela sua inclusão na listagem das fontes daquele direito. A aptidão daqueles de produzirem efeitos jurídicos no plano internacional, desse modo, se traduz no principal motivo

---

[37] TRINDADE, Antônio Augusto Cançado. **A humanização do direito internacional**. 2. ed. rev., atual. e ampl. Belo Horizonte: Del Rey, 2015. p. 60.

que tem levado diversos estudiosos a alocarem referidas modalidades de atos no seio das fontes do Direito Internacional. Com efeito, os atos unilaterais têm sido objeto de estudo pela doutrina internacional há várias décadas, como assinalam Nicolás Guerreiro Peniche e Victor Rodríguez Cedeño, ao relatarem que um dos primeiros trabalhos quanto ao tema foi de Anzilloti, em obra datada de 1929, seguindo-se a este inúmeros outros autores de renome como Pflueger, Venturini, Biscottini, Degan, Suy, Guggnheim, Cahier, Barberis, Villagrán Krammer e Miaja de la Muela que, em suas respectivas obras, passaram a refletir a importância e a atenção que têm sido emprestadas ao tema[38].

Antônio Augusto Cançado Trindade cita, por exemplo, Eric Suy, que em seu *Les actes juridiques unilatéraux en Droit international public*, de 1962, além de formular uma definição para esses atos, já sustentava que eles também geram compromissos obrigatórios para os Estados[39].

---

[38] PENICHE, Nicolás Guerrero; CEDEÑO, Víctor Rodríguez. **Los actos unilaterales de los Estados em Derecho Internacional:** los trabajos de codificación en la Comissión de Derecho Internacional. Anuario Mexicano de Derecho Internacional, v. 3, 2003. p. 196.

[39] TRINDADE, Antônio Augusto Cançado. **A humanização do direito internacional**. 2. ed. rev., atual. e ampl. Belo Horizonte: Del Rey, 2015. p. 60.

Do ponto de vista da doutrina brasileira, os manuais de Direito Internacional sempre separam um tópico para os atos unilaterais na matéria de fontes do direito, a exemplo de Paulo Henrique Gonçalves Portela, Paulo Borba Casella e Valério de Oliveira Mazzuoli[40]. O último ressalta que, apesar desses atos não constarem do catálogo do artigo 38 do Estatuto da Corte Internacional de Justiça, não podem ser desconsiderados como "pertencentes ao contexto das fontes do direito das gentes, principalmente quando se sabe que a assunção de obrigações internacionais é uma das mais importantes preocupações dessa disciplina"[41].

Ocorre que o tema tem demonstrado ser complexo e não conta com uma visão uniforme da doutrina e da jurisprudência internacionais, o que é evidenciado pelas diversas abordagens com as quais a questão é analisada nas obras doutrinárias, o que, inegavelmente, representa um fator complicador para seu estudo[42]. De um lado, há quem recuse aos atos unilaterais dos Estados a

---

[40] PORTELA, Paulo Henrique Gonçalves. **Direito internacional público e privado**. 7. ed. rev., ampl. e atual. Salvador: Juspodivm, 2015. p. 70; ACCIOLY, Hildebrando; SILVA, G. E. do Nascimento e; CASELLA, Paulo Borba. **Manual de direito internacional público**. 20. ed. São Paulo: Saraiva, 2012. p. 198; MAZZUOLI, Valério de Oliveira. **Curso de direito internacional público**. 9. ed. rev., atual. e ampl. São Paulo: Editora Revista dos Tribunais, 2015. p. 160.

[41] MAZZUOLI, Valério de Oliveira. **Curso de direito internacional público**. 9. ed. rev., atual. e ampl. São Paulo: Editora Revista dos Tribunais, 2015. p. 160.

[42] PENICHE; CEDEÑO, op. cit., p. 198.

qualidade de fontes, enquanto há, de outro, um tratamento extremamente cauteloso por parte dos autores ao trabalharem o tema, que acabam não deixando explícita sua opção pela inclusão ou não desses atos sob a roupagem de fontes do Direito Internacional.

Francisco Rezek aduz que, em geral, poucos são os estudiosos que atribuem a tais atos a qualidade de fonte do Direito Internacional, tendo em vista que eles não representam normas, mas sim meros atos jurídicos, pois não teriam o atributo indispensável da normatividade[43]. Assim, em que pese os efeitos jurídicos que tais atos possam produzir, eles não poderiam ser encarados, no sentido exato do termo, como fontes do direito. Malcolm Shaw parece deixar isso assentado quando preleciona que referidos atos, "embora não sejam fontes do Direito Internacional na acepção do artigo 38(1) do Estatuto da CIJ, podem constituir fontes de obrigação"[44].

Outro argumento contrário à inserção dos aludidos atos na qualidade de fonte, estaria relacionado à sua autonomia para gerar, *per si,* obrigações jurídicas.

---

[43] REZEK, José Francisco. **Direito internacional público**: curso elementar. 15. ed. rev. e atual. São Paulo: Saraiva, 2014. p. 91.

[44] "[...] while not sources of international law as understood in article 38(1) of the Statute of the ICJ, may constitute sources of obligation". (SHAW, Malcolm N. **International law**. 6. ed. Cambridge: Cambridge University Press, 2008. p. 122).

Virally, citado por Antônio Augusto Cançado Trindade, observa que "os atos unilaterais dos Estados são muito frequentemente considerados no Direito Internacional no contexto de outras fontes daquele direito, a saber, o costume e os tratados", ou seja, segundo esta ótica, os atos unilaterais estatais estariam relacionados às fontes já conhecidas, contribuindo para a formação de costumes ou sendo praticados no contexto de uma relação convencional, como a ratificação e a denúncia[45].

Por fim, outro problema relacionado ao tema diz respeito à divergência sobre quais tipos de atos podem ser tratados sob essa enumeração de atos unilaterais. Apesar da reconhecida previsão doutrinária e costumeira de que o protesto, a notificação, a promessa, a renúncia e o reconhecimento se inserem nesse catálogo, ainda assim repousam dúvidas quanto aos critérios e a amplitude desse rol, bem como se certos atos das autoridades legislativas ou governamentais (tais como proclamações presidenciais, leis, decretos, etc.) podem ser levados em conta no tratamento de certas questões de Direito Internacional e influenciar na criação de obrigações internacionais[46].

---

[45] TRINDADE, Antônio Augusto Cançado. **A humanização do direito internacional**. 2. ed. rev., atual. e ampl. Belo Horizonte: Del Rey, 2015. p. 61.

[46] Ibid., p. 63.

O ponto que parece indene de dúvidas, como fazem transparecer as notas doutrinárias, as interpretações judiciais e a prática dos atores internacionais, é o de que os atos advindos dos Estados, na sua individualidade, possuem valor para o Direito Internacional, mesmo para aqueles que não os visualizam como fontes do direito.

Todavia, a produção de efeitos jurídicos, principalmente através da constituição de obrigações, é justamente o que provoca um processo de reavaliação das fontes do Direito Internacional, para que possam ser incluídos, sob tal rótulo, os atos unilaterais estatais. Assim, mais do que fonte de obrigações ou catalisador de efeitos jurídicos, eles seriam, sim, fontes do Direito das Gentes.

Valério de Oliveira Mazzuoli lembra, nesse passo, que

> as fontes do Direito Internacional não se apresentam de maneira homogênea. Um ato comissivo (como a ocupação de um território ou uma manifestação unilateral de vontade) ou omissivo (que aceita pacificamente a ação de outro Estado) e, obviamente, a conclusão de atos formalmente internacionais (como a celebração de um tratado internacional, sua denúncia etc.), têm igual aptidão para criar e ser fontes do Direito Internacional Público[47].

---

[47] MAZZUOLI, Valério de Oliveira. **Curso de direito internacional público**. 9. ed. rev., atual. e ampl. São Paulo: Editora Revista dos Tribunais, 2015. p. 127-128.

Nesse mesmo sentido, Charles Rosseau, que em seu *Droit international public,* de 1970, é categórico em afirmar que esses atos, de fato, se constituem em fonte do Direito Internacional, mesmo quando contribuem para o nascimento de um costume[48].

Reconhecendo a importância da matéria, a Comissão de Direito Internacional da Organização das Nações Unidas, na sua 48ª sessão, em 1996, identificou que o tema dos atos unilaterais dos Estados seria apropriado para codificação e progressivo desenvolvimento. A partir disso, foi constituído um Grupo de Trabalho responsável pela análise do tema, cujos estudos culminaram na formulação de vários relatórios. No seio desses trabalhos, podem ser destacados os relatórios apresentados por Víctor Rodríguez Cedeño, relator especial do Grupo de Trabalho incumbido do tema. Após a apresentação de inúmeros relatórios e longos debates, a Comissão de Direito Internacional chegou à algumas conclusões que ensejaram a formulação de princípios norteadores da prática de atos unilaterais estatais capazes de criar obrigações jurídicas[49].

---

[48] ROSSEAU, 1970 *apud* TRINDADE, Antônio Augusto Cançado. **A humanização do direito internacional**. 2. ed. rev., atual. e ampl. Belo Horizonte: Del Rey, 2015. p. 60.
[49] INTERNATIONAL LAW COMISSION. Unilateral acts of States. Report of the working group. **Conclusions of the International Law**

Em 1997, a dita Comissão adotou um relatório que expressou algumas das razões que justificavam (e justificam) o exame dos aludidos atos, quais sejam:

> a) Nos seus comportamentos na esfera internacional, os Estados frequentemente praticam atos unilaterais com a intenção de produzir efeitos jurídicos. A importância desses atos unilaterais tem crescido constantemente como resultado das rápidas mudanças políticas, econômicas e tecnológicas que ocorrem na comunidade internacional na atualidade e, em particular, os grandes avanços dos meios de expressão e transmissão de atitudes e comportamentos dos Estados;
>
> b) A prática dos Estados em matéria de atos jurídicos unilaterais se manifesta sob várias formas e circunstâncias, tendo sido objeto de numerosos escritos doutrinários e de abordagem em vários julgamentos da Corte Internacional de Justiça e de outros Tribunais Internacionais; há, desse modo, material suficiente para análise e sistematização por parte da Comissão;
>
> c) No interesse da segurança jurídica e para ajudar a trazer certeza, previsibilidade e estabilidade às relações internacionais e, assim, reforçar o Estado de Direito, uma tentativa deve ser feita para esclarecer o funcionamento destes tipos de atos e quais são suas consequências jurídicas, através de uma proposição clara do direito aplicável à matéria[50].

Comission relating to unilateral acts of States. A/CN.4/L.703, 2006. Disponível em: <http://legal.un.org/docs/?symbol=A/CN.4/L.703>. Acesso em: 13 jun. 2016.

[50] "(*a*) In their conduct in the international sphere, States frequently carry out unilateral acts with the intent to produce legal effects. The significance of such unilateral acts is constantly growing as a result of the rapid political, economic and technological changes taking place in

Como consignado no Primeiro Relatório do Relator Especial para os Atos Unilaterais dos Estados, Víctor Rodríguez Cedeño, as constantes mudanças pelas quais o ambiente social internacional atravessa também implicam num constante desenvolvimento do Direito Internacional, tanto para se adaptar à tais mudanças, como para propiciar outras transformações requeridas pela dinâmica internacional. É nessa ambiência que surgem novas formas de relacionamento entre os atores internacionais e de instrumentos para implementá-las, surgindo a necessidade de se voltarem os olhos – entre esses possíveis instrumentos – às novas fontes do Direito Internacional e de obrigações jurídicas[51].

---

the international community at the present time and, in particular, the great advances in the means for expressing and transmitting the attitudes and conduct of States;
(*b*) State practice in relation to unilateral legal acts is manifested in many forms and circumstances, has been a subject of study in many legal writings and has been touched upon in some judgments of ICJ and other international courts; there is thus sufficient material for the Commission to analyse and systematize;
(*c*) In the interest of legal security and to help bring certainty, predictability and stability to international relations and thus strengthen the rule of law, an attempt should be made to clarify the functioning of this kind of acts and what the legal consequences are, with a clear statement of the applicable law". (CEDEÑO, Víctor Rodríguez. **First report on unilateral acts of States.** Unilateral acts of States. Reports of the Special Rapporteur of International Law Comission of United Nations. Document A/CN.4/486. Disponível em: <http://legal.un.org/docs/?path=../ilc/documentation/english/a_cn4_486.pdf&lang=EFSX>. Acesso em: 13 jun. 2016. p. 322).

Com efeito, nesse relatório inaugural de Victor Rodríguez Cedeño, adota-se como premissa a natureza exemplificativa do artigo 38 do Estatuto da Corte Internacional de Justiça, de tal modo que ele não se constitui em obstáculo para a existência de outras fontes. Entre essas novas fontes frequentemente utilizadas estariam, justamente, os atos unilaterais, além das resoluções das Organizações Internacionais[52].

Como cediço, a ideia segundo a qual esses atos obrigam juridicamente seus emissores não é privilégio dos tempos atuais, tendo em vista os antecedentes que podem ser colhidos da história. É inegável, pois, que o Estado pode, unilateralmente, contrair compromissos, reafirmar direitos ou obrigar-se juridicamente, como forma de expressão de sua vontade e como fruto do exercício do poder de autolimitação que lhe é conferido pelo Direito Internacional. Essa forma de comprometimento unilateral é, hoje, admitida tanto na doutrina – expressada pelos autores já citados no decorrer deste tópico – quanto na jurisprudência, da qual colhem-se casos como o dos Testes Nucleares e do Estatuto Jurídico da Groenlândia Oriental[53].

---

[51] Ibid., p. 327.

[52] Ibid., p. 327-328.

[53] CEDEÑO, Víctor Rodríguez. **First report on unilateral acts of States.** Unilateral acts of States. Reports of the Special Rapporteur of International Law Comission of United Nations. Document

Fica evidenciado, assim, que, ao contrário do que outrora poderia se imaginar, a significação dos atos unilaterais dos Estados para o Direito Internacional pode ser expressada, sim, através da sua qualificação como fonte daquele direito, em que pesem as divergências a respeito.

Nesse ponto, deve-se, lembrar, com Arno Dal Ri Júnior e Lucas Carlos Lima, que

> os estudiosos do direito internacional, a depender das escolhas metodológicas adotadas para lançar luzes àquela realidade, acabam por projetar imagens diferenciadas do fenômeno. Estas distintas projeções se refletem fundamentalmente na maneira como diferentes autores enfocam o sistema das fontes do direito internacional [...]
> [Assim, é] importante sublinhar a não uniformidade doutrinária acerca do fenômeno de formação de normas no interior da ciência jurídica internacional. Tal fato se dá exatamente porque a concepção de fonte de um determinado autor influencia diretamente na sua própria concepção de fundamento do direito internacional. Significa afirmar que a maneira como um autor contempla a origem do fenômeno jurídico internacional (seja através de um viés positivista, normativista, antiformalista, entre outras possíveis respostas teóricas ao fenômeno) influenciará diretamente em sua concepção de produção normativa e desenvolvimento de normas[54].

A/CN.4/486. Disponível em: <http://legal.un.org/docs/?path=../ilc/documentation/english/a_cn4_486.pdf&lang=EFSX>. Acesso em: 13 jun. 2016. p. 327.

[54] DAL RI JÚNIOR, Arno; LIMA, Lucas Carlos. **A flexibilização da**

Com base na citação acima, portanto, tem-se que a pluralidade de métodos e interpretações utilizados para contemplar o sistema de fontes do Direito Internacional, aliada aos inúmeros e fundamentados estudos quanto à matéria e à imprescindível consideração prática do convívio internacional, legitima a opção pela consideração dos atos unilaterais dos Estados no seio das fontes do Direito Internacional.

Sendo assim, nos tópicos posteriores serão analisados, de forma mais pormenorizada, os principais aspectos relativos aos atos unilaterais dos Estados: num primeiro plano, os elementos que os caracterizam e o desenvolvimento que o tema alcançou no âmbito do Grupo de Trabalho da Comissão de Direito Internacional da Organização das Nações Unidas e, num segundo momento, suas espécies e alguns dos principais casos práticos colhidos da jurisprudência internacional,.

3.2. Conceito, elementos e desenvolvimento do tema dos atos unilaterais

---

doutrina clássica de fontes e o papel das decisões judiciais no ordenamento internacional. Centro de Direito Internacional: X Anuário Brasileiro de Direito Internacional. p. 52-53.

O conceito que eventualmente possa ser atribuído aos atos unilaterais dos Estados está intimamente relacionado aos elementos considerados indispensáveis para a caracterização do ato unilateral estatal como tal. Nesse sentido, há uma gama de entendimentos acerca dos elementos ou características que o ato deve conter, para fins de sua relevância ou pertinência ao Direito Internacional. As discussões, quanto a esses aspectos, refletem, inclusive, na adoção ou não de tais atos, pelos estudiosos, como fonte de juridicidade.

Conforme ficou assentado no tópico anterior, os atos unilaterais dos Estados possuem valor para o Direito das Gentes na medida em que deflagram efeitos jurídicos nas relações internacionais, como na constituição de obrigações, podendo, assim, serem visualizados sob a ótica de fonte daquele direito. Os conceitos e elementos aqui referidos, portanto, levam em conta tal premissa.

Para Eric Suy, define-se o ato unilateral como uma manifestação de vontade emanada de um só sujeito de Direito Internacional, à qual ele vincula certas conseqüências e que independe, quanto à sua eficácia, de outro ato jurídico[55].

---

[55] SUY, 1962 *apud* TRINDADE, Antônio Augusto Cançado. **A humanização do direito internacional**. 2. ed. rev., atual. e ampl. Belo Horizonte: Del Rey, 2015. p. 60.

Paulo Henrique Gonçalves Portela define os atos unilaterais como aqueles que dependem exclusivamente da manifestação de um Estado e que geram consequências jurídicas nas relações internacionais independentemente do envolvimento de outros entes estatais na sua formação e na sua aceitação[56].

Valério de Oliveira Mazzuoli define-os como

> a manifestação de vontade inequívoca deste [Estado], formulada por uma autoridade com competência para validamente engajá-lo, com a intenção de produzir efeitos jurídicos nas suas relações com outros Estados ou organizações internacionais, com o conhecimento expresso destes ou destas[57].

Francisco Rezek consigna, em sua obra, que o fator geralmente invocado para obstar a atribuição, aos atos unilaterais, da qualidade de fonte do Direito Internacional, é a ausência das características peculiares das normas jurídicas. Em outros termos, esses atos não representariam normas jurídicas, mas tão somente atos jurídicos. Enquadrar-se-iam nesta categoria a notificação, o protesto, a renúncia e o reconhecimento, institutos que, conquanto

---

[56] PORTELA, Paulo Henrique Gonçalves. **Direito internacional público e privado.** 7. ed. rev., ampl. e atual. Salvador: Juspodivm, 2015. p. 70.
[57] MAZZUOLI, Valério de Oliveira. **Curso de direito internacional público.** 9. ed. rev., atual. e ampl. São Paulo: Editora Revista dos Tribunais, 2015. p. 161.

produzam consequências jurídicas, não contemplariam a abstração e a generalidade que caracterizam as normas jurídicas[58].

Apesar do pensamento exposto, admite o mesmo autor a existência de atos unilaterais que apresentam, sim, um caráter normativo, qualidade que os diferencia dos atos unilaterais enquanto meros atos jurídicos. Isso evidencia uma diferenciação entre os atos unilaterais que se caracterizam como meros atos jurídicos e aqueles com natureza normativa. Na categoria de atos unilaterais normativos estariam:

> as centenas de diplomas legais que se promulgam, a cada dia, no interior das diversas ordens jurídicas nacionais, e que, na sua quase totalidade, não interessam ao direito das gentes. É certo, contudo, que o ato normativo unilateral — assim chamado por promanar da vontade de uma única soberania — pode casualmente voltar-se para o exterior, em seu objeto, habilitando-se à qualidade de fonte do direito internacional na medida em que possa ser invocado por outros Estados em abono de uma vindicação qualquer, ou como esteio da licitude de certo procedimento[59].

Conclui-se, a partir do ponto de vista transcrito acima, que, para definir se um ato unilateral estatal é fonte

---

[58] REZEK, José Francisco. **Direito internacional público**: curso elementar. 15. ed. rev. e atual. São Paulo: Saraiva, 2014. p. 91.
[59] Ibid.

do Direito Internacional, deve-se examinar sua natureza – que deve ser normativa – e a abrangência dos seus efeitos – que devem voltar-se para o exterior do Estado do qual emana.

No entanto, Valério de Oliveira Mazzuoli, de modo diverso, admite uma concepção mais ampla acerca dos atos unilaterais dos Estados como fontes do Direito Internacional, ou seja, ele não restringe a qualidade de fonte apenas àqueles que possuem natureza normativa.

Isso porque aquele autor registra que a produção de efeitos jurídicos não se confunde com normatividade, sendo que, para qualificar o ato unilateral como fonte do Direito das Gentes, deve-se analisar, em verdade, se ele detém o primeiro aspecto: a produção de efeitos jurídicos. Assim, sob esse critério, poderiam ser enquadrados uma maior quantidade de atos unilaterais no conceito de fonte. Nos termos utilizados por Mazzuoli:

> O que não se pode confundir é a falta de produção de efeitos jurídicos (caso em que não se estará diante de um ato unilateral) com a falta de normatividade, que é coisa bem diferente. Não é difícil visualizar que os atos unilaterais dos Estados, pela sua própria forma de expressão, são destituídos de característica normativa (uma vez que não têm qualquer abstração e generalidade), o que não significa, em absoluto, que eles não produzam consequências jurídicas, uma vez que criam obrigações internacionais para aqueles Estados que os proclamam[60].

A ideia expressada pelo internacionalista parece refletir melhor a realidade desses atos na esfera internacional, visto que diversas são suas espécies e formas. Ademais, a partir do enfoque acima, atos como o protesto, o reconhecimento, a promessa e a renúncia poderiam ser considerados como atos unilaterais enquanto fontes do Direito Internacional, em consonância com os escritos doutrinários que os citam como sendo os principais exemplos. Por fim, a concepção do autor também se mostra consentânea com estudos que foram desenvolvidos na Comissão de Direito Internacional da Organização das Nações Unidas.

O desenvolvimento que o tema alcançou no âmbito do Grupo de Trabalho da Comissão de Direito Internacional da Organização das Nações Unidas caracterizou-se pela tentativa de sistematização da prática dos Estados no que tange aos atos unilaterais. A partir de um apanhado doutrinário e jurisprudencial, com participação dos governos de cada Estado, o Grupo de Trabalho foi a fundo na coleta de exemplos práticos verificados ao longo da histórica internacional, avaliando

---

[60] MAZZUOLI, Valério de Oliveira. **Curso de direito internacional público**. 9. ed. rev., atual. e ampl. São Paulo: Editora Revista dos Tribunais, 2015. p. 161-162.

como se deu o funcionamento de tais atos, que efeitos produziram e como foram interpretados.

No seio da Comissão foi proposta uma concepção estrita de ato unilateral. Isso porque, dentro dos estudos promovidos pelo Grupo de Trabalho, buscaram-se critérios para delimitar sobre quais atos unilaterais deveria recair uma tentativa de sistematização, ou seja, quais tipos de atos unilaterais (entre tantos que podem ser verificados nas relações internacionais) mereceriam a inclusão em um mesmo regime jurídico. Assim, é em virtude desse crivo proposto que se estreitaram os tipos de atos considerados relevantes para fins do estudo que fora desenvolvido.

Nesse sentido, em primeiro lugar foram excluídos os atos em cuja elaboração tenham participado dois ou mais Estados em uma relação bilateral, multilateral ou convencional. Esse primeiro critério é consentâneo à própria adjetivação dos atos em tela, pois, sendo unilaterais, não podem ter sido fruto do ajuste de diversas vontades[61].

Em segundo, excluíram-se os atos das Organizações Internacionais. Deve-se ressaltar que, possuindo personalidade distinta das nações que as

---

[61] PENICHE, Nicolás Guerrero; CEDEÑO, Víctor Rodríguez. **Los actos unilaterales de los Estados em Derecho Internacional:** los trabajos de codificación en la Comissión de Derecho Internacional. Anuario Mexicano de Derecho Internacional, v. 3, 2003. p. 200.

integram, as Organizações Internacionais, na qualidade de sujeito de Direito Internacional, podem praticar atos em nome próprio. Contudo, do ponto de vista estrito adotado pela Comissão, restringiu-se a análise aos atos emanados dos Estados[62].

Em seguida, também buscou-se separar os atos políticos dos atos que acarretam consequências jurídicas. A questão, no entanto, é sutil, pois a linha que separa as duas categorias de atos é tênue, culminando na difícil decisão de se definir se o ato é político ou não. Conforme aduzem Nicolás Guerrero Peniche e Victor Rodriguez Cedeño, tal problemática se deve ao fato de que nada parece impedir que um ato formalmente político deflagre efeitos jurídicos. A conclusão a que chegou a Comissão é a de que o ponto fulcral para deslinde dessa questão é o exame da natureza do ato e a fundamentação de sua obrigatoriedade, à luz da intenção do Estado[63].

Os estudos da Comissão revelaram, também, que os atos considerados por ela devem ter caráter positivo. Trata-se, aqui, de uma interpretação *stricto sensu* da expressão "ato", associando-o a um comportamento comissivo. Assim, estaria excluído da categoria de atos unilaterais dos Estados o silêncio, comportamento este que,

---

[62] Ibid.
[63] Ibid., p. 201.

apesar de negativo/omissivo, também produz consequências jurídicas nas relações entre os sujeitos de Direito Internacional[64].

Por fim, também foram excluídos os atos relacionados com o princípio do *estoppel* em sede processual. Trata-se de uma espécie de preclusão ou de vedação de comportamento contraditório evidenciada pela inação do Estado ao não fazer uma alegação no momento oportuno. Também foram excluídos atos relacionados à formação do costume (aquele que, repetidos, originam o costume)[65].

Estabelecidos os cortes acima, conforme a metodologia adotada pela Comissão, pode-se concluir que os atos unilaterais dos Estados consistem numa declaração unilateral formulada por um Estado (representando a expressão de sua vontade), praticada dentro do regime de Direito Internacional, com a finalidade de, autonomamente, produzir determinados efeitos jurídicos (que se referem tanto às obrigações que o Estado emissor pode contrair, quanto aos direitos que ele pode reafirmar com tal ato)[66].

---

[64] Ibid., p. 201.

[65] Ibid., p. 202.

[66] CEDEÑO, Víctor Rodríguez. **Ninth report on unilateral acts of States.** Unilateral acts of States. Reports of the Special Rapporteur of International Law Comission of United Nations. Document A/CN.4/569 and Add.1. Disponível em: <http://legal.un.org/docs/?path=../ilc/documentation/english/a_cn4_569.

73

Uma das distinções feita no âmbito da análise empreendida foi entre ato jurídico unilateral formal e ato jurídico unilateral material. À exemplo do que ocorre no direito convencional, distinguiu-se o processo formal da norma já aperfeiçoada.

Nesse sentido, do ponto de vista formal, o ato jurídico unilateral mais comum seria a declaração. Ela corresponderia à técnica (ou procedimento) formal pela qual um Estado pode realizar atos unilaterais e contrair obrigações puramente unilaterais a seu cargo[67]. A declaração seria o invólucro dentro do qual se veiculam atos como a promessa, o protesto, o reconhecimento e a renúncia.

A declaração unilateral do Estado, sob essa visão, se constitui no mecanismo formal para criação de normas jurídicas. A declaração estaria, para o "direito dos atos unilaterais", assim como o tratado está para o "direito convencional". Essa analogia demonstra um paralelismo entre o direito dos tratados e o "direito dos atos unilaterais", recurso do qual se vale o Relator Especial para buscar a

---

pdf&lang=ESX>. Acesso em: 13 jun. 2016. p. 173-174.

[67] CEDEÑO, Víctor Rodríguez. **First report on unilateral acts of States.** Unilateral acts of States. Reports of the Special Rapporteur of International Law Comission of United Nations. Document A/CN.4/486. Disponível em: <http://legal.un.org/docs/?path=../ilc/documentation/english/a_cn4_486. pdf&lang=EFSX>. Acesso em: 13 jun. 2016. p. 352-353.

construção de um regime jurídico uniforme para os atos unilaterais praticados pelo Estado, importando ideias e conceitos que regem o funcionamento das convenções internacionais[68].

De outro passo, os atos unilaterais materiais corresponderiam às inúmeras espécies que podem ser veiculadas através, principalmente, da declaração. Os atos unilaterais materiais considerados clássicos são a promessa, o protesto, o reconhecimento e a renúncia. Nesses termos, poderia ter-se, por exemplo, uma declaração (mecanismo formal) instituindo uma promessa (ato material que representaria a norma).

Quanto aos elementos caracterizadores dos atos unilaterais, três são identificados como primordiais: a autonomia ou independência, a notoriedade e a produção de efeitos jurídicos.

A autonomia pode ser vista sob duas óticas, tanto em relação à sua elaboração, no sentido de que sua formulação independe do envolvimento de outras vontades estatais, quanto em relação à aptidão do ato de produzir, por si mesmo, efeitos jurídicos, no sentido de que o ato não está

---

[68] PENICHE, Nicolás Guerrero; CEDEÑO, Víctor Rodríguez. **Los actos unilaterales de los Estados em Derecho Internacional:** los trabajos de codificación en la Comissión de Derecho Internacional. Anuario Mexicano de Derecho Internacional, v. 3, 2003. p. 204.

vinculado à outras normas de Direito Internacional já existentes[69].

A notoriedade refere-se ao conhecimento do ato. Há a necessidade de que, ao menos, os atores internacionais que se inserem no contexto do ato praticado, tenham conhecimento a respeito dele, de tal modo que, se o ato for invocado, posteriormente, para a resolução de alguma controvérsia, não haja qualquer alegação de que o ato seja desconhecido.

Por fim, a característica principal: a produção de efeitos jurídicos, elemento tão utilizado para sustentar a importância dos atos unilaterais no contexto das fontes do Direito das Gentes.

Vários são os critérios para classificar os atos unilaterais estatais. Para angariar legitimidade ao estabelecimento de uma classificação ou enumeração dos atos unilaterais dos Estados, foram consultados, pela Comissão, vários governos das nações que compõem a Organização das Nações Unidas, que, por intermédio de seus representantes, emitiram seus respectivos entendimentos técnicos acerca da matéria. Com base nos

---

[69] PENICHE, Nicolás Guerrero; CEDEÑO, Víctor Rodríguez. **Los actos unilaterales de los Estados em Derecho Internacional:** los trabajos de codificación en la Comissión de Derecho Internacional. Anuario Mexicano de Derecho Internacional, v. 3, 2003. p. 205.

comentários desses governos, vislumbrou-se a ampla diversidade de critérios para basear a classificação dos atos em tela, mas, ao mesmo tempo, municiou a Comissão com um amplo material para debate do tema.

O governo italiano, por exemplo, propôs a divisão dos atos unilaterais em três categorias: atos unilaterais que se referem à possibilidade de fazer valer uma situação jurídica, atos unilaterais que criam obrigações jurídicas e atos unilaterais necessários para o exercício de um direito soberano. O governo argentino, por outro lado, distinguiu quatro tipos de atos unilaterais clássicos: a promessa, a renúncia, o reconhecimento e o protesto[70].

As classificações acima merecem citação por serem as mais difundidas, pois espelham, de um lado, uma divisão que leva em conta os efeitos jurídicos do ato e, por outro, uma divisão segundo um critério material. Quanto aos efeitos jurídicos, poderiam ser enquadrados, num primeiro grupo, atos pelos quais o Estado assume obrigações a seu cargo (como o reconhecimento, a promessa e renúncia), e, noutro grupo, atos pelos quais o Estado defende suas pretensões e direitos (como o protesto)[71].

---

[70] Ibid., p. 209.

[71] PENICHE, Nicolás Guerrero; CEDEÑO, Víctor Rodríguez. **Los actos unilaterales de los Estados em Derecho Internacional:** los trabajos de codificación en la Comissión de Derecho Internacional. Anuario Mexicano de Derecho Internacional, v. 3, 2003. p. 210.

A classificação do ponto de vista material é a mesma já referida quando da diferenciação entre atos unilaterais formais e materiais, ou seja, leva em conta os atos em espécie. Seu problema é que fecha o sistema para a entrada de outros atos, tornando-se uma classificação taxativa e rígida e que, ao mesmo tempo, não proporciona critérios para identificar quais outros atos unilaterais poderiam se encaixar no rol.

O fundamento de obrigatoriedade desses atos, ou seja, a força vinculante que eles acarretam aos sujeitos que os emitem, pode ser atribuído a três vetores: o princípio da boa-fé, o princípio da segurança jurídica e a intenção do Estado.

A boa-fé e a segurança jurídica são princípios gerais de direito aplicáveis no Direito Internacional, conforme visto na seara das fontes clássicas. Elas conferem sustentação para uma plêiade de relações jurídicas entre Estados, servindo, nesse sentido, como norteadoras do comportamento dos atores internacionais e, demais disso, inspiram a criação e a interpretação de outras normas jurídicas.

Sendo assim, na medida em que o Estado produz atos unilaterais com o intuito de deflagrar consequências jurídicas, incute na comunidade internacional uma legítima expectativa de que as obrigações assumidas serão cumpridas ou os direitos afirmados serão respeitados[72]. Trata-se, aqui, da segurança jurídica sob o viés da proteção da confiança, um subprincípio no qual se desdobra a segurança jurídica.

Por outro lado, além da confiança gerada, do produtor do ato também se espera um comportamento consentâneo e coerente ao ato unilateral formulado, nítida exigência de que ele aja com boa-fé. Trata-se de um dos deveres anexos da boa-fé, denominado de *venire contra factum proprium*, que veda um comportamento contraditório à uma posição anteriormente tomada pelo sujeito.

Percebe-se que a boa-fé e a segurança jurídica estão intimamente imbricadas, uma vez que, comportamentos estatais desprovidos de boa-fé certamente implicarão, no contexto em tela, numa tribulação nas relações internacionais, causando insegurança jurídica.

Todavia, a boa-fé e a segurança jurídica não bastam. À ambas deve-se somar a avaliação da intenção do

---

[72] CEDEÑO, Víctor Rodríguez. **Ninth report on unilateral acts of States.** Unilateral acts of States. Reports of the Special Rapporteur of International Law Comission of United Nations. Document A/CN.4/569 and Add.1. Disponível em: <http://legal.un.org/docs/?path=../ilc/documentation/english/a_cn4_569.pdf&lang=ESX>. Acesso em: 13 jun. 2016. p. 176.

Estado ao manifestar o ato, para que, aí sim, se conclua pela obrigatoriedade e pelo caráter jurídico do ato unilateral sob exame.

Nesse sentido, foi assinalado no Nono Relatório dos Atos Unilaterais dos Estados, do Relator Especial Víctor Rodriguez Cedeño que:

> A intenção do Estado que formula o ato unilateral também constitui-se em elemento que pesa na determinação do fundamento de obrigatoriedade dos atos unilaterais. Essa concepção, expressada dentro da própria Comissão, encontra respaldo na doutrina e nas decisões da Corte Internacional de Justiça. No mencionado caso [Atividades armadas no território do Congo (República Democrática do Congo vs. Ruanda)], de 3 de fevereiro de 2006, a Corte reafirmou a necessidade de se levar em conta o conteúdo real [da declaração], bem como as circunstâncias em que ela foi feita (em outras palavras, o seu contexto); a Corte continuou dizendo que uma declaração desse tipo pode criar obrigações jurídicas apenas se for feita em termos claros e específicos[73].

---

[73] "The intention of the State that formulated the unilateral act also constitutes an element that must be given considerable weight in determining the basis of the binding nature of unilateral acts. This opinion, expressed within the Commission, finds support in the legal literature and ICJ decisions. In the judgment of 3 February 2006 cited above, the Court reaffirmed the necessity of taking into account the 'actual content [of a statement] as well as the circumstances in which it was made' (in other words, its context); the Court goes on to say that 'a statement of this kind can create legal obligations only if it is made in clear and specific terms'". (CEDEÑO, Víctor Rodríguez. **Ninth report on unilateral acts of States.** Unilateral acts of States. Reports of the Special Rapporteur of International Law Comission of United Nations. Document A/CN.4/569 and Add.1. Disponível em:

Esses fundamentos refletem, ainda, os próprios critérios que devem ser levados em conta para a interpretação de tais atos, uma vez que a definição da juridicidade dessas manifestações unilaterais passa pelo contexto em que praticadas, tendo em vista, principalmente, que devem ser distinguidos os atos jurídicos dos meramente políticos. Tem-se, dessa forma, o seguinte:

> A Corte, com efeito, tem se manifestado pela necessidade de se interpretar restritivamente as declarações em virtude das quais os Estados limitam sua liberdade de atuação, e salientou a necessidade de considerar as circunstâncias em que tal ato unilateral foi formulado, bem como a clareza e a precisão dos seus termos, como mencionado anteriormente.
> Todos os elementos acima podem ser usados para interpretar um ato unilateral; o contexto desempenha um papel fundamental e a ele deve ser dado um peso considerável na avaliação de um ato unilateral, deduzindo as possíveis consequências jurídicas daí decorrentes[74].

<http://legal.un.org/docs/?path=../ilc/documentation/english/a_cn4_569.pdf&lang=ESX>. Acesso em: 13 jun. 2016. p. 176-177).

[74] "The Court concluded that a restrictive interpretation was called for when States made statements by which their freedom of action was to be limited, and it stressed the need to consider the circumstances in which such a unilateral act was formulated, as well as the clarity and precision of its terms, as mentioned earlier.
All the above elements may be used to interpret a unilateral act; in this sphere context plays a key role and must be given considerable weight when assessing a unilateral act and deducing the possible legal consequences deriving from it." (Ibid., p. 177).

Do desenvolvimento que o tema logrou na Comissão de Direito Internacional, foi adotada uma declaração de princípios aplicáveis ao funcionamento dos atos unilaterais dos Estados. Esses princípios visam, assim, nortear a constituição e a prática dessa peculiar forma de expressão do Direito Internacional. Veja-se, portanto, o texto adotado pela Comissão:

> PRINCÍPIOS NORTEADORES APLICÁVEIS ÀS DECLARAÇÕES UNILATERAIS DOS ESTADOS CAPAZES DE CRIAR OBRIGAÇÕES JURÍDICAS
>
> A Comissão de Direito Internacional,
>
> Considerando que Estados podem encontrar-se vinculados por seu comportamento unilateral no plano internacional,
> Considerando que comportamentos capazes de vincular juridicamente Estados podem tomar forma de declarações formais ou mera conduta informal, incluindo, em certas situações, o silêncio, nos quais outros Estados podem razoavelmente confiar,
> Considerando também que a vinculação do Estado ao seu comportamento unilateral em uma determinada situação depende das circunstâncias do caso,
> Considerando também que, na prática, é frequentemente difícil estabelecer se os efeitos jurídicos originados do comportamento unilateral do Estado são consequência da intenção que ele expressou ou das expectativas que sua conduta levou à tona entre outros sujeitos do Direito Internacional,

Adota os seguintes princípios norteadores relacionados somente aos atos unilaterais *stricto sensu*, aqueles que tomam a forma de declarações formais elaboradas por um Estado com a intenção de produzir obrigações sob o Direito Internacional,

1.   Declarações feitas publicamente com manifestação da vontade de se vincular podem ter o efeito de criar obrigações jurídicas. Quando as condições para isto forem cumpridas, o caráter vinculante dessas declarações está baseado na boa fé; Estados envolvidos podem então tomá-las em consideração e nelas confiar; tais Estados são titulares para requerer que as obrigações constituídas sejam respeitadas;

2.   Qualquer Estado possui capacidade para constituir obrigações jurídicas através de declarações unilaterais;

3.   Para determinar os efeitos jurídicos de tais declarações, é necessário tomar conhecimento do seu conteúdo, de todas as circunstâncias fáticas em que elas foram feitas e das reações que deram origem;

4.   Uma declaração unilateral vincula o Estado internacionalmente somente se foi realizada por uma autoridade investida para tanto. Por virtude de suas funções, Chefes de Estado, Chefes de Governo e Ministros de Relações Exteriores são competentes para formular tais declarações. Outras pessoas representando o Estado em áreas específicas podem ser autorizadas para vinculá-lo, através de suas declarações, em áreas de sua competência;

5.   Declarações unilaterais podem ser formuladas oralmente ou por escrito;

6.   Declarações unilaterais podem ser endereçadas para a comunidade internacional como um todo, para um ou vários Estados ou para outras entidades;

7.   Uma declaração unilateral implica obrigações para o Estado formulador

somente se estiver explicitada em termos claros e específicos. No caso de dúvida sobre o escopo das obrigações resultantes de tal declaração, tais obrigações devem ser interpretadas de maneira restritiva. Na interpretação do conteúdo de tais obrigações, o peso maior deve ser dado primeira e principalmente para o texto da declaração, juntamente com o contexto e a circunstância em que foi formulada;

8.   Uma declaração unilateral que estiver em conflito com uma norma peremptória de Direito Internacional Geral é nula;

9.   Da declaração unilateral de um Estado nenhuma obrigação pode advir para outros Estados. No entanto, o outro Estado (ou Estados) em causa pode contrair obrigações em relação a tal declaração unilateral na medida em que ele tenha claramente aceitado referida declaração;

10.   Uma declaração unilateral que tenha criado obrigações jurídicas para o Estado que a formulou não pode ser revogada arbitrariamente. Na avaliação se a revogação seria arbitrária, deve ser dada consideração ao seguinte:

(a)   Quaisquer termos específicos da declaração relativos à revogação;

(b)   A medida em que os beneficiários das obrigações têm contado com elas;

(c)   A existência de mudanças substanciais nas circunstâncias[75].

---

[75] "Guiding Principles applicable to unilateral declarations of States capable of creating legal obligations
The International Law Commission,
Noting that States may find themselves bound by their unilateral behaviour on the international plane,
Noting that behaviours capable of legally binding States may take the form of formal declarations or mere informal conduct including, in certain situations, silence, on which other States may reasonably rely,
Noting also that the question whether a unilateral behaviour by the State

Os princípios norteadores acima traduzem as

binds it in a given situation depends on the circumstances of the case,
Noting also that in practice, it is often difficult to establish whether the legal effects stemming from the unilateral behaviour of a State are the consequence of the intent that it has expressed or depend on the expectations that its conduct has raised among other subjects of international law,
Adoptsthe following Guiding Principles which relate only to unilateral acts *stricto sensu*, i.e. those taking the form of formal declarations formulated by a State with the intent to produce obligations under international law,
1. Declarations publicly made and manifesting the will to be bound may have the effect of creating legal obligations. When the conditions for this are met, the binding character of such declarations is based on good faith; States concerned may then take them into consideration and rely on them; such States are entitled to require that such obligations be respected;
2. Any State possesses capacity to undertake legal obligations through unilateral declarations;
3. To determine the legal effects of such declarations, it is necessary to take account of their content, of all the factual circumstances in which they were made, and of the reactions to which they gave rise;
4. A unilateral declaration binds the State internationally only if it is made by an authority vested with the power to do so. By virtue of their functions, heads of State, heads of Government and ministers for foreign affairs are competent to formulate such declarations. Other persons representing the State in specified areas may be authorized to bind it, through their declarations, in areas falling within their competence;
5. Unilateral declarations may be formulated orally or in writing;
6. Unilateral declarations may be addressed to the international community as a whole, to one or several States or to other entities;
7. A unilateral declaration entails obligations for the formulating State only if it is stated in clear and specific terms. In the case of doubt as to the scope of the obligations resulting from such a declaration, such obligations must be interpreted in a restrictive manner. In interpreting the content of such obligations, weight shall be given first and foremost to the text of the declaration, together with the context and the circumstances in which it was formulated;
8. A unilateral declaration which is in conflict with a peremptory norm of general international law is void;
9. No obligation may result for other States from the unilateral declaration of a State. However, the other State or States concerned may

mais importantes conclusões e entendimentos que os membros do Grupo de Trabalho alcançaram quanto ao tema e que, posteriormente, foram corroborados pela Comissão. Faz-se, pertinente, por fim, fazer referência às principais espécies de atos unilaterais dos Estados e aos exemplos práticos angariados na jurisprudência internacional.

3.3. Espécies e exemplos colhidos do Direito Internacional

Ao se tratar das espécies de atos unilaterais no Direito Internacional, a primeira advertência a ser feita é a de que as manifestações dos Estados são das mais diversas, circunstância que traz duas implicações para fins do presente estudo: a impossibilidade de esgotar o tema e a não taxatividade das espécies que aqui serão trabalhadas. Dessa

---

incur obligations in relation to such a unilateral declaration to the extent that they clearly accepted such a declaration;

10. A unilateral declaration that has created legal obligations for the State making the declaration cannot be revoked arbitrarily. In assessing whether a revocation would be arbitrary, consideration should be given to:

(i) any specific terms of the declaration relating to revocation;

(ii) the extent to which those to whom the obligations are owed have relied on such obligations;

(iii) the extent to which there has been a fundamental change in the circumstances". (INTERNATIONAL LAW COMISSION. Unilateral acts of States. Report of the working group. **Conclusions of the International Law Comission relating to unilateral acts of States**. A/CN.4/L.703, 2006. Disponível em: <http://legal.un.org/docs/?symbol=A/CN.4/L.703>. Acesso em: 13 jun. 2016).

forma, os atos unilaterais que serão destacados são os que mais comumente a doutrina se refere, mas, de forma alguma, são os únicos que existem ou podem existir.

A promessa é um ato unilateral que implica na assunção de obrigação pelo Estado que a realiza. Trata-se, desse modo, de uma declaração por meio da qual o Estado se compromete a adotar um determinado comportamento com relação a outro Estado (ou Estados), sem que tal comportamento esteja subordinado à uma contrapartida por parte do beneficiário da promessa[76].

Exemplo famoso de promessa que foi levado à esfera jurisdicional foi a declaração Ihlen de 1919, discutida no caso do Estatuto Jurídico da Groenlândia Oriental (Dinamarca vs Noruega), analisado pela Corte Permanente de Justiça Internacional, em 1933. Essa controvérsia versava sobre qual soberania a ilha da Groenlândia estava sujeita: a Dinamarca, sustentando que possuía plena soberania sobre o referido território, contestou a atitude do Estado norueguês que, em 1931, declarou sua posse sobre a porção oriental da Groenlândia.

---

[76] PENICHE, Nicolás Guerrero; CEDEÑO, Víctor Rodríguez. **Los actos unilaterales de los Estados em Derecho Internacional:** los trabajos de codificación en la Comissión de Derecho Internacional. Anuario Mexicano de Derecho Internacional, v. 3, 2003. p. 210-211.

Submetido o caso à Corte Permanente Internacional de Justiça, levou-se bastante em conta, para o deslinde da questão, uma declaração do Ministro das Relações Exteriores da Noruega, Nils Claus Ihlen, datada de 1919, por meio da qual a Noruega (representada pelo agente em questão) comprometeu-se em não embaraçar o exercício da soberania suscitada pela Dinamarca em relação à Groenlândia, não impondo qualquer dificuldade quanto à pretensão dinamarquesa[77].

Vislumbrou-se nesse ato, dentro do contexto no qual foi praticado, uma promessa de abstenção, gerando uma obrigação em face da Noruega e a consolidação de um direito da Dinamarca. Diante disso:

> [...] a Corte concluiu que a Noruega não poderia, com base na declaração feita pelo ministro das Relações Exteriores, Ihlen, colocar dificuldades no exercício da soberania da Dinamarca sobre o território do leste da Groenlândia. A Corte considerou que a declaração Ihlen foi juridicamente vinculante; que era uma promessa, talvez um reconhecimento, e em qualquer caso, foi uma declaração unilateral, um ato unilateral de natureza jurídica[78].

---

[77] REZEK, José Francisco. **Direito internacional público**: curso elementar. 15. ed. rev. e atual. São Paulo: Saraiva, 2014. p. 91.

[78] "[...] la corte concluyó que Noruega no podía, sobre la base de la declaración formulada por el ministro de relaciones exteriores, Ihlen, poner dificultades al ejercicio de la soberanía de Dinamarca sobre el territorio de Groenlandia Oriental. La corte estimó que la declaración Ihlen era vinculante jurídicamente; que constituía una promesa, quizás

Outro exemplo interessante de promessa se visualiza nos casos dos Testes Nucleares (Austrália vs. França; Nova Zelândia vs. França), analisados pela Corte Internacional de Justiça em 1974. Nesses casos, a Nova Zelândia e a Austrália postularam, junto à Corte, a cessação da realização de testes nucleares pela França numa região do Pacífico, uma vez que a prática francesa gerava consequências danosas aos supracitados países, cujos territórios eram próximos do local dos testes.

Nesse julgado ficou consignado que as declarações advindas da Presidência da República e dos Ministérios de Relações Exteriores e Defesa "vinculavam juridicamente a França e que era indubitável a capacidade dessas manifestações (ou promessas) em comprometer internacionalmente o Estado"[79]. Assim, evidenciou-se uma obrigação unilateral assumida pela França que, ao formular declarações com o intuito de obrigar-se, deveria alinhar sua

---

un reconocimiento, y en cualquier caso era una declaración unilateral, un acto unilateral de naturaleza jurídica". (PENICHE, Nicolás Guerrero; CEDEÑO, Víctor Rodríguez. **Los actos unilaterales de los Estados em Derecho Internacional:** los trabajos de codificación en la Comissión de Derecho Internacional. Anuario Mexicano de Derecho Internacional, v. 3, 2003. p. 197).

[79] MAZZUOLI, Valério de Oliveira. **Curso de direito internacional público.** 9. ed. rev., atual. e ampl. São Paulo: Editora Revista dos Tribunais, 2015. p. 164.

conduta à obrigação estampada em sua manifestação de vontade.

A renúncia, outra espécie de ato unilateral material, é caracterizada como o ato pelo qual o Estado abandona um direito ou uma pretensão. Esse comportamento estatal pode, muitas das vezes, fazer surgir, de modo contraposto, um direito para outro Estado – enquanto um renuncia, outro adquire – de tal modo que os benefícios adquiridos por este Estado não poderão ser impugnados pelo Estado renunciante[80].

Na jurisprudência internacional, o tema foi tocado no caso das Zonas Francas de Alta Sabóia e do Distrito de Gex (França vs. Suíça), de 1932, em que a França reconheceu que uma renúncia, como ato unilateral de Direito Internacional, é obrigatória para o Estado renunciante.

Naquela oportunidade, o Juiz Basdevant, em sessão da Corte Permanente Internacional de Justiça realizada em 26 de abril de 1932, disse que não poderia ser facilmente assumida a ideia de que pode haver uma renúncia tácita por parte de um Estado. Isso só poderia ser

---

[80] PENICHE, Nicolás Guerrero; CEDEÑO, Víctor Rodríguez. **Los actos unilaterales de los Estados em Derecho Internacional:** los trabajos de codificación en la Comissión de Derecho Internacional. Anuario Mexicano de Derecho Internacional, v. 3, 2003. p. 211.

aceito a partir da verificação de atos inequívocos nesse sentido. Analisando-se especificamente a situação da França no caso concreto, prosseguiu aduzindo que deveria se verificar, por parte da França, que esta teria praticado atos com uma implícita e voluntária intenção de renúncia quanto ao seu direito de reivindicação, mesmo possuindo capacidade para exercer de forma eficaz a reivindicação do direito em jogo. No entanto, não coube, no caso, a aceitação de uma renúncia de autoria francesa[81].

O reconhecimento é o ato pelo qual o Estado aceita, contra si, a oponibilidade de uma situação, uma pretensão ou um ato. Noutros termos, o Estado reconhece que um ato do qual não participou ou uma situação para a qual não contribuiu são legítimos e, contra ele, podem produzir efeitos jurídicos[82].

É citado por Victor Rodriguez Cedeño o caso da declaração egípcia de 24 de abril de 1957, pelo qual o Egito reconhece a validade da Convenção de Constantinopla de 1888 sobre o Canal de Suez[83].

---

[81] CEDEÑO, Víctor Rodríguez. **Fourth report on unilateral acts of States**. Unilateral acts of States. Reports of the Special Rapporteur of International Law Comission of United Nations. Document A/CN.4/519. Disponível em: <http://legal.un.org/docs/?path=../ilc/documentation/english/a_cn4_519.pdf&lang=EFSX>. Acesso em: 13 jun. 2016. p. 127.
[82] PENICHE; CEDEÑO, op. cit., p. 212.
[83] PENICHE; CEDEÑO, op. cit., p. 213.

O protesto é o ato pela qual o Estado manifesta seu inconformismo em relação à uma pretensão jurídica ou situação de fato. Através desse ato, busca impedir que "a conduta objeto do protesto se transforme em norma" ou resguardar seus direitos em face de pretensões de outro Estado[84].

Segundo Antônio Augusto Cançado Trindade, como exemplo de protesto tem-se a "rejeição pela Comissão Arbitral de 1911, no caso El Chamizal, da pretensão dos Estados Unidos de prescrição aquisitiva e posse ininterrupta de território", em virtude dos constantes protestos do México quanto à pretensão estadunidense[85].

O caso Chamizal (México vs. Estados Unidos) dizia respeito à delimitação da fronteira na região do Rio Grande, localizado entre El Paso (Texas) e a cidade de Juárez. A Comissão, em acórdão de 15 de junho de 1911, chamou atenção para a maneira que o protesto mexicano havia impedido a reivindicação dos Estados Unidos de determinar os contornos dessa disputa.

---

[84] PORTELA, Paulo Henrique Gonçalves. **Direito internacional público e privado**. 7. ed. rev., ampl. e atual. Salvador: Juspodivm, 2015. p. 70.

[85] TRINDADE, Antônio Augusto Cançado. **A humanização do direito internacional**. 2. ed. rev., atual. e ampl. Belo Horizonte: Del Rey, 2015. p. 60.

Embora não considerado ato unilateral no sentido do termo pela Comissão de Direito Internacional da Organização das Nações Unidas, o silêncio também traz consequências jurídicas na esfera internacional e, por essa razão, há autores que o levam em conta na análise dos atos unilaterais, na categoria de atos tácitos.

Valério de Oliveira Mazzuoli é um desses autores. Assevera este doutrinador que o silêncio se verifica com um não fazer do Estado nas situações em que ele deveria se manifestar, nos termos da norma de Direito Canônico *qui tacet consentire videtur*[86]. Exemplo prático dessa questão se deu no caso do Templo de Preah-Vihear (Camboja vs. Tailândia), analisado pela Corte Internacional de Justiça em 1962. No caso em tela, a Tailândia manteve-se em silêncio após o Camboja ter-lhe enviado um mapa no qual inseria o mencionado Templo no seu território, fruto da conclusão de trabalhos de delimitação. A Corte, desse modo, considerou a reação (ou não reação, a depender do posto de vista) da Tailândia em relação ao mapa enviado como um dos fundamentos para conceder ao Camboja a soberania sobre o Templo.

---

[86] MAZZUOLI, Valério de Oliveira. **Curso de direito internacional público**. 9. ed. rev., atual. e ampl. São Paulo: Editora Revista dos Tribunais, 2015. p. 162.

Sob outra ótica, também há autores que consideram os atos normativos internos como submetidos ao regime dos atos unilaterais capazes de criar obrigações internacionais. Seriam os diplomas legais e infralegais editados no interior de cada ordem jurídica. Apesar de, em tese, não interessarem ao Direito das Gentes, alguns desses diplomas acabam-se voltando ao exterior, de tal modo a permitirem sua invocação por outros Estados "em abono de uma vindicação qualquer, ou como esteio da licitude de certo procedimento"[87].

Antônio Augusto Cançado Trindade afirma que no direito do mar, as noções de zona contígua, de mar territorial, de mar patrimonial e de zona econômica exclusiva "formaram-se mais por meio de atos unilaterais de regulamentação por parte de cada Estado individualmente do que através de tratados multilaterais"[88].

Uma lei autorizadora da navegação de embarcações estrangeiras nos domínios do Estado que edita tal lei também poderia ser vislumbrada como integrante desse entendimento. Por meio do Decreto Imperial n. 3.749, de 7 de dezembro de 1866, por exemplo, "o Brasil

---

[87] REZEK, José Francisco. **Direito internacional público**: curso elementar. 15. ed. rev. e atual. São Paulo: Saraiva, 2014. p. 91.

[88] TRINDADE, Antônio Augusto Cançado. **A humanização do direito internacional**. 2. ed. rev., atual. e ampl. Belo Horizonte: Del Rey, 2015. p. 63.

franqueou as águas do Amazonas à navegação comercial de todas as bandeiras, instaurando um regime até hoje subsistente em suas linhas gerais"[89].

Segundo Mazzuoli, os atos aqui tratados seriam classificados como atos unilaterais heteronormativos – ao contrário de todos os outros, que seriam autonormativos – posto que "atribuem direitos e prerrogativas a outros sujeitos do Direito Internacional"[90]. É dizer: o sujeito criador do ato não seria o mesmo ao qual o ato se destinaria (autoregulação de conduta), mas, ao contrário, seria um ato criado por um sujeito destinado a outro.

Conforme observado ao longo da exposição desta específica incursão no mundo dos atos unilaterais dos Estados no plano internacional, houve muitos avanços, mas também permanecem muitas divergências. Os estudos desenvolvidos por renomados doutrinadores, aliado aos trabalhos da Comissão de Direito Internacional da Organização das Nações Unidas, chancelam o valor jurídico dos atos unilaterais estatais na conformação do Direito Internacional, de modo que não há dúvidas de que eles são fontes de obrigações e direitos subjetivos.

---

[89] REZEK, op. cit.

[90] MAZZUOLI, Valério de Oliveira. **Curso de direito internacional público**. 9. ed. rev., atual. e ampl. São Paulo: Editora Revista dos Tribunais, 2015. p. 165.

A pluralidade de ideias que recaem sobre o tema demonstra que há muitas definições acerca dos atos unilaterais. Apresentou-se, nessa exposição, desde um conceito muito restrito, que associa os atos em comento apenas àqueles dotados de normatividade (como as leis internas que exorbitam da esfera espacial de cada Estado), passando por um conceito amplo e mais genérico (bastando que o ato produza efeitos jurídicos sob o Direito Internacional), até a conceituação da mencionada Comissão, que, embora seja a mais profunda reflexão sobre os atos unilaterais, não tem o condão de evitar que outras análises sejam empreendidas.

Nesse sentido, a questão da compatibilidade dos comportamentos estatais frente ao Direito Internacional, sobretudo o Direito Internacional dos Direitos Humanos, também pode ser discutida dentro do exame dos atos unilaterais, tendo em vista que é peculiar ao Direito Internacional a assunção de vinculações e obrigações dos Estados entre si. Essas vinculações internacionais que ligam os Estados estão plasmadas, por exemplo, na assinatura de convenções e na submissão à jurisdição de tribunais internacionais. Na conjuntura atual, ganha destaque a constituição de sistemas protetivos de direitos humanos, caracterizados pela existência de uma convenção que consagra inúmeros direitos e por órgãos (sobretudo aqueles de natureza judicial) que atuam na defesa dos direitos ali previstos. Logo, a violação de direitos consagrados em convenções internacionais, inclusive por atos estatais, é posta em questionamento e controle por tais órgãos, possibilitando a responsabilização dos Estados.

Com efeito, nos trabalhos da Comissão de Direito Internacional da ONU verificou-se, com base em estudos de James Crawford, que há uma relação da responsabilidade internacional dos Estados com o tema dos atos unilaterais, uma vez que o ato pelo qual um ente estatal viola um compromisso internacional também pode ser um ato unilateral, embora a Comissão, por opção metodológica e para fins da sistematização do assunto, não tenha incluída tal espécie de atos no seu conceito de ato unilateral em sentido estrito.

Assim, a repercussão dos atos unilaterais dos Estados no Direito das Gentes é avivada a partir de outros aspectos. Por essa razão, no próximo capítulo serão discutidos esses outros matizes dos atos unilaterais estatais, de tal modo a serem observadas suas consequências na ordem internacional do ponto de vista da soberania dos Estados, da humanização do Direito Internacional e do controle exercido pelos órgãos internacionais.

4. OUTROS ASPECTOS REPRESENTATIVOS DA REPERCUSSÃO DOS ATOS UNILATERAIS NO DIREITO INTERNACIONAL

4.1 Relativização da soberania e atos unilaterais dos Estados

A repercussão dos atos unilaterais dos Estados no Direito Internacional pode ser avivada a partir de outros aspectos, além do tratamento que eles recebem no âmbito das fontes do Direito. Um dos fenômenos diretamente relacionados aos referidos atos é o da relativização da soberania do Estado.

Dentro da Teoria Geral do Estado ou da Ciência Política, o Estado, como forma específica de organização social, tem sido visualizado como a conjugação de determinados elementos, que lhe conferem sua fisionomia característica: povo, território e poder. Dos três elementos constitutivos do Estado, o poder representa a "energia básica que anima a existência de uma comunidade humana num determinado território, conservando-a unida, coesa e solidária", ostentando, como um de seus traços caracterizadores, a soberania, tema do qual se ocupa este tópico[91].

No seio das concepções iniciais acerca da soberania, sobretudo levando-se em conta o conceito de Jean Bodin, teórico do tema, a soberania foi concebida como a expressão do mais alto poder do Estado, possuindo um caráter absoluto. Segundo Paulo Bonavides, ela pode ser visualizada sob dois pontos de vista, o interno e o externo: a "soberania interna, significa o *imperium* que o Estado tem sobre o território e a população, bem como a superioridade do poder político frente aos demais poderes sociais, que lhe ficam sujeitos, de forma mediata ou imediata"; a soberania externa, por sua vez, é a "manifestação independente do poder do Estado perante outros Estados"[92].

Dito isso, vale dizer que o conceito de soberania e as primeiras ideias a respeito desse assunto encontram sua origem no nascedouro do Estado moderno, quando este, em oposição à descentralização política da Idade Média (período no qual vários núcleos de poder coexistiam, como os feudos e a Igreja), buscava se estabelecer como principal centro de poder. Logo, ao atribuir-se caráter absoluto à

---

[91] BONAVIDES, Paulo. **Ciência política**. 18. ed. São Paulo: Malheiros, 2011. p. 115.
[92] Ibid., p. 119.

soberania buscava-se construir uma base teórica sobre a qual o poder do Estado poderia ser justificado[93].

Com o desenvolvimento dessa noção de soberania, passou-se a entender que, sem soberania, não poderia existir Estado, o que contribuiu para a desvinculação do poder soberano a qualquer limite. Assim, a soberania seria absoluta de tal forma que, dentro do Estado (aspecto interno), nenhum outro poder se sobreporia ao poder do Estado, podendo este impor e resguardar as suas decisões dentro dos seus domínios, sem qualquer ingerência externa; e, na ambiência da sociedade internacional (aspecto externo), o Estado poderia manter relações com outros Estados e participar das relações internacionais de forma igualitária com os outros atores internacionais. Ocorre que o absolutismo do poder soberano conduziu à uma atuação dos entes estatais da forma como bem entendessem, resultando, nas ordens internas, em regimes de permanentes violações aos direitos humanos e, do ponto de vista externo, nas práticas de colonização – com a exploração de culturas, pessoas e recursos alheios – e de beligerância – com a intensificação do militarismo e os conflitos armados se constituindo em primeira alternativa

---

[93] Ibid., p. 136.

dos Estados para a resolução dos problemas configurados entre eles[94].

No entanto, a exacerbada noção acerca da soberania, explanada acima e presente em séculos passados, dá lugar, nos presentes dias, a um outro paradigma, uma vez que a soberania tem sido encarada, agora, como um conceito relativo e histórico, sobretudo do seu ponto de vista externo[95]. Isso se deve ao grande desenvolvimento do Direito Internacional que, na sua completude (todo o Direito Internacional, portanto), limita a soberania dos Estados.

Paulo Bonavides atesta que a crise contemporânea do conceito de soberania envolve, como um de seus aspectos fundamentais, a dificuldade de conciliá-la com a ordem internacional, "de modo que a ênfase na soberania do Estado implica sacrifício maior ou menor do ordenamento internacional e, vice-versa, a ênfase neste se faz com restrições de grau variável aos limites da soberania"[96].

---

[94] "A ideia de soberania estatal absoluta (com que se identificou o positivismo jurídico, inelutavelmente subserviente ao poder), que levou à irresponsabilidade e à pretensa onipotência do Estado, não impedindo as sucessivas atrocidades por este cometidas contra os seres humanos, mostrou-se com o passar do tempo inteiramente descabida". (TRINDADE, Antônio Augusto Cançado. **A humanização do direito internacional**. 2. ed. rev., atual. e ampl. Belo Horizonte: Del Rey, 2015. p. 12-13).

[95] BONAVIDES, Paulo. **Ciência política**. 18. ed. São Paulo: Malheiros, 2011. p. 132.

[96] Ibid., p. 133.

Incursionando no tema da soberania, percorrendo desde suas origens jusnaturalistas até a crise a qual Bonavides também faz referência, Luigi Ferrajoli realça, justamente, o desenvolvimento do Direito Internacional como fator que redefiniu o conceito daquela. Aduz o autor que, mediante a edição da Carta da Organização das Nações Unidas, de 1945, e da Declaração Universal dos Direitos do Homem, de 1948, a ordem jurídica do mundo foi transformada, levando-o do estado de natureza ao estado civil, de tal forma que, através desses dois documentos, a soberania do Estado deixa de ser "uma liberdade absoluta e selvagem e se subordina, juridicamente, a duas normas fundamentais: o imperativo da paz e a tutela dos direitos humanos"[97].

Vislumbra-se, desse modo, no imperativo da paz, expressada na adesão das diferentes nações à uma organização de abrangência mundial do porte da Organização das Nações Unidas, e na tutela dos direitos humanos, plasmados em convenções e em outros documentos internacionais, dois elementos aos quais os Estados devem sujeição nos seus comportamentos. De um lado, a participação em Organizações Internacionais, a

---

[97] FERRAJOLI, Luigi. **A soberania no mundo moderno**: nascimento e crise do Estado nacional. Trad. Carlo Coccioli e Márcio Lauria Filho. São Paulo: Martins Fontes, 2002. p. 39-40.

exemplo da ONU, requer dos entes estatais um dever de cooperação entre si para um bem comum e para o bom funcionamento do organismo; de outro, a preocupação com a pessoa humana, marcada pela preservação de sua intrínseca dignidade, requer dos Estados a efetivação dos direitos humanos, o que inclui a proibição de atos que os ameacem ou os lesionem.

Tais direitos humanos, a propósito, têm sido positivados em convenções internacionais, fontes do Direito Internacional que, dentro do fenômeno da relativização da soberania, também merecem citação. Assim, ao lado dos documentos mencionados por Ferrajoli, todos os tratados internacionais aos quais os Estados aderem também implementam uma série de vinculações que lhes são destinadas. Os Estados, ao se comprometerem às convenções por eles firmadas, devem cumprir suas disposições, em atendimento à boa-fé e à segurança jurídica, ficando seus atos unilaterais submetidos à um crivo, evidenciando o que se chama de controle de convencionalidade.

Nas palavras de Mazzuoli, a assunção de obrigações internacionais pelos Estados é decorrência do próprio exercício de sua soberania. Logo, a partir do momento que contraem aludidas obrigações, não podem invocar disposições do seu direito interno, mesmo aquelas de estatura constitucional, como justificativa para o descumprimento de tais deveres[98]. Segundo o autor, seria contraditório se os Estados pudessem "invocar violação de sua soberania depois de submetido o tratado, por eles mesmos e com plena liberdade, ao referendo do Poder Legislativo, representativo que é da vontade popular", não sendo factível que o Direito das Gentes se submeta aos preceitos do Direito interno estatal, sobretudo tendo em vista que o Estado, "manifestou o seu consentimento em obrigar-se pelo acordo quando o ratificou ou a ele aderiu"[99].

Pelas razões acima, o mesmo jurista considera que o Direito Internacional possui prevalência sobre o Direito interno, em consonância com o monismo internacionalista. Nesse diapasão, a relativização da soberania estatal implica na relativização da soberania do próprio Poder Constituinte Originário, ou seja, apesar de "tal poder não se encontrar subordinado a qualquer outro internamente, está subordinado aos princípios e regras do

---

[98] MAZZUOLI, Valério de Oliveira. **Curso de direito internacional público**. 9. ed. rev., atual. e ampl. São Paulo: Editora Revista dos Tribunais, 2015. p. 290.
[99] MAZZUOLI, Valério de Oliveira. **Curso de direito internacional público**. 9. ed. rev., atual. e ampl. São Paulo: Editora Revista dos Tribunais, 2015. p. 288-290.

Direito Internacional Público, dos quais decorre a própria noção de soberania estatal"[100].

Na linha de relativização da soberania, Otfried Höffe, ao submeter a soberania a limites que lhe retiram o distintivo de absoluta, aponta três elementos que podem culminar na sua derrogação:

> (1) Por meio do Direito Internacional, por exemplo, através das Declarações dos Direitos Humanos tanto relativas a grandes regiões, como é o caso europeu, quanto ao âmbito internacional mais vasto, o legislador público vê-se comprometido. Além disso, os Tribunais - europeus ou internacionais - impõem vinculações à ordem judiciária de cada Estado envolvido. (2) A adesão a determinadas organizações internacionais, como as Nações Unidas, implica determinadas renúncias de soberania, que ainda se fazem sentir mais fortes quando se trata de aderir a uma Comunidade como a União Européia. (3) Uma renúncia considerável de soberania normalmente acontece ao se aderir a alianças militares e de segurança, tais como a OTAN, o antigo Pacto de Varsóvia ou a OSCE. Tais perdas de soberania podem ser explicadas pelo fato de uma grande parte da tarefa central de soberania – a competência deliberatória em questões de segurança externa – ser transferida para a organização supraestatal[101].

---

[100] Ibid., p. 106-107.

[101] HÖFFE, Otfried. **A democracia no mundo de hoje.** Trad. Tito Lívio Cruz Romão. São Paulo: Martins Fontes, 2005. p. 192.

Resulta da exposição delineada que conferir à relativização da soberania estreita relação com o tema dos atos unilaterais dos Estados significa dizer que, na medida que os atos unilaterais deixam de ser vislumbrados sob uma ótica adstrita apenas ao interesse do Estado que os realiza, então a soberania estatal não pode ser colocada em termos absolutos, pois os Estados não podem praticar os atos que bem entenderem sem que nenhuma reação internacional seja levada a efeito. Devem, com efeito, amoldar suas condutas no sentido de satisfazer os valores que emanam das normas jurídicas internacionais, mesmo em relação a assuntos regulados nos seus respectivos ordenamentos.

Como lembra Paulo Henrique Gonçalves Portela, o entendimento do poder soberano como absoluto excluía a influência de qualquer poder externo sobre o Estado. Essa circunstância impossibilitava que qualquer outro Estado, Organização Internacional, pessoa ou entidade se manifestasse "acerca de situações ocorridas dentro do território do ente estatal, que eram consideradas 'assuntos internos' dos Estados", discurso este que "servia, em certas ocasiões, como justificativa para evitar que atos que mereciam repúdio geral fossem objeto das medidas eventualmente cabíveis"[102].

---

[102] PORTELA, Paulo Henrique Gonçalves. **Direito internacional público e privado**. 7. ed. rev., ampl. e atual. Salvador: Juspodivm,

A relativização da soberania, portanto, opera tanto no ponto de vista interno quanto no ponto de vista externo. Seja na disciplina da atuação internacional do Estado, seja na satisfação dos valores consagrados na ordem internacional dentro da condução de sua vida estatal intestina, o Direito Internacional influencia de forma perene os atos estatais. Como bem elucida Portela:

> Caso a soberania nacional mantivesse seu caráter absoluto, as normas internacionais não poderiam ser aplicadas internamente e não contariam com os meios externos eficazes de acompanhamento de sua aplicação, visto que esbarrariam na antiga argumentação da "intervenção em assuntos internos"[103].

Ferrajoli, a seu turno, indica o *jus cogens* e a proeminência dos indivíduos e povos no Direito Internacional como outros elementos que ditam os contornos de uma nova noção de soberania:

> A soberania, que já se havia esvaziado até o ponto de dissolver-se na sua dimensão interna com o desenvolvimento do estado constitucional de direito, se esvanece também em sua dimensão externa na presença de um sistema de normas internacionais caracterizáveis como *ius cogens*, ou seja, como direito imediatamente vinculador para os Estados-membros. No novo ordenamento, são de fato sujeitos de direito internacional não

2015. p. 823.
[103] Ibid.

somente os Estados, mas também os indivíduos e os povos[104].

O Professor Celso Fernandes Campilongo, ao fazer a apresentação da obra "A soberania no mundo moderno", de autoria de Luigi Ferrajoli, expõe a problemática da soberania nos seguintes termos:

> O que é "soberania" hoje? Não existe mais, entre os juristas, quem aposte cegamente nas respostas clássicas. Com a globalização econômica, o sistema social teria perdido o centro e o vértice. A fragmentação dos interesses, a pluralização dos âmbitos sociais, o pluralismo das fontes do direito e a multiplicidade de formas de autoridade, para vários juristas, teriam estilhaçado qualquer pretendente ao topo[105].

Considerando a citação precedente, que faz menção ao pluralismo de fontes do direito, pode-se vislumbrar nos atos unilaterais dos Estados uma das novas fontes cuja relação com o tema da soberania é evidente, como demonstrado nas linhas acima. Pode ser aduzido, assim, que a soberania do Estado atual significa que ele "dita suas normas internas sem a ingerência de outros; mas, uma vez ingressado na sociedade internacional, deve aceitar

---

[104] FERRAJOLI, Luigi. **A soberania no mundo moderno**: nascimento e crise do Estado nacional. Trad. Carlo Coccioli e Márcio Lauria Filho. São Paulo: Martins Fontes, 2002. p. 41.
[105] FERRAJOLI, Luigi. **A soberania no mundo moderno**: nascimento e crise do Estado nacional. Trad. Carlo Coccioli e Márcio Lauria Filho. São Paulo: Martins Fontes, 2002. p. VIII.

as regras que esta e o Direito Internacional lhe impõem"[106]. Certo é que o relativismo da soberania não implica na sua negação. O conceito não desapareceu, mas apenas foi remodelado, para que ele não sirva mais de expediente ou artifício para práticas ilícitas ou para o descumprimento de compromissos internacionais.

4.2.Humanização do Direito Internacional e atos unilaterais dos Estados

Concebe-se que, ultrapassando a antiga ideia de Direito Interestatal, o Direito Internacional agora volta-se mais para o ser humano. Com esse pólo de concentração das grandes preocupações contemporâneas, verifica-se um fenômeno que pode ser denominado de humanização do Direito Internacional[107], mais um dos fatores relacionados com os atos unilaterais dos Estados.

O vínculo relacional entre atos unilaterais e humanização do Direito Internacional se expressa no imperativo, direcionado aos entes estatais, de adequarem suas práticas, suas políticas públicas e suas ordens jurídicas

---

[106] MAZZUOLI, Valério de Oliveira. **Curso de direito internacional público**. 9. ed. rev., atual. e ampl. São Paulo: Editora Revista dos Tribunais, 2015. p. 557.
[107] Expressão colhida de Antônio Augusto Cançado Trindade, na sua obra "A humanização do Direito Internacional".

internas aos direitos humanos. Do sistema carcerário à preservação do meio ambiente; da observância ao direito de liberdade de expressão ao cuidado dispensado à infância e à juventude; na implantação de mecanismos de prevenção e na construção de obras com múltiplas repercussões. Vários são os domínios em que os Estados devem respeitar os direitos que se comprometeram a obedecer ao reconhecerem, em cada um deles, a natureza de direito humano. Uma evidência disso seria a anuência do Estado à determinadas convenções internacionais que consagram direitos humanos.

O processo de humanização do Direito Internacional não diz respeito a um fenômeno que começou recentemente, ou seja, a ideia subjacente ao referido processo não é fruto dos tempos atuais, mas sim, uma restauração de um entendimento que encontra longínquas bases.

A ideia que permeia o fenômeno acima é a de que o Direito Internacional está assentado nos princípios da *recta ratio*. Esta, cuja tradução literal se expressa na terminologia "reta razão", quer dizer que os fundamentos do Direito das Gentes podem ser apreendidos pela razão humana[108]. Assim, a *recta ratio* (razão humana inerente à

---

[108] TRINDADE, Antônio Augusto Cançado. **A humanização do direito internacional**. 2. ed. rev., atual. e ampl. Belo Horizonte: Del Rey, 2015.

humanidade) é marcada pelos sentimentos de justiça, boa-fé e benevolência que emanam da consciência humana e inspiram um ordenamento internacional preocupado com o ser humano, mormente no respeito à sua dignidade e na busca da superação de desigualdades, mazelas e lesões que ocupam a vida de muitas pessoas[109].

Com isso, já pode ser demarcada uma relação entre a *recta ratio* e o direito natural (jusnaturalismo), pois ambos estão atrelados a fundamentos ditos presentes na consciência jurídica universal, que fornece os valores superiores à serem observados[110]. É essa a razão a ser seguida e não mera a lógica voluntarista dos Estados (razão de Estado), que pode guiar a oportunismos, violações de direitos humanos e abandono do indivíduo como sujeito central da vida internacional.

Tal ideário é fruto do pensamento dos intitulados fundadores do Direito Internacional, como F. Vitoria, F. Suárez, A. Gentili, H. Grotius, C. Bynkershoek, S. Pufendorf e C. Wolff[111]. Com estes, o Direito das Gentes, no seio dos séculos XVI e XVII, "passou a ser associado com a própria humanidade, empenhado em assegurar sua

---

p. 9.
[109] Ibid., p. 6.
[110] Ibid.
[111] Ibid.

unidade a satisfação de suas necessidades e aspirações, em conformidade com uma concepção essencialmente universalista"[112]. Portanto, já nos mencionados séculos, o Estado, segundo F. Vitoria e F. Suarez, "não era um sujeito exclusivo do direito das gentes, que abarcava ademais os povos e os indivíduos", devendo a humanidade, segundo Hugo Grotius, ser levada em conta em primeiro lugar[113]. Desse modo, o *jus gentium*, inicialmente dotado de um viés privatista no direito romano, transformou-se num efetivo Direito das Gentes (um direito de todos os povos, com alcance universal).

Ocorre que, com o passar do tempo, essas noções foram se dissipando perante a emergência do positivismo e do deslocamento, para o Estado, do protagonismo nas relações internacionais. Antônio Augusto Cançado Trindade expõe essa mudança com as seguintes palavras:

> Lamentavelmente, as reflexões e a visão dos chamados fundadores do Direito Internacional (notadamente os escritos dos teólogos espanhóis e a obra grociana), que o concebiam como um sistema verdadeiramente universal, vieram a ser suplantadas pela emergência do positivismo jurídico, que personificou o Estado dotando-o de "vontade própria", reduzindo os direitos dos seres humanos aos que o

---

[112] Ibid.
[113] Ibid.

Estado a estes "concedia". O consentimento ou a vontade dos Estados (o positivismo voluntarista) tornou-se o critério predominante no Direito Internacional, negando *jus standi* aos indivíduos, aos seres humanos. Isto dificultou a compreensão da comunidade internacional, e enfraqueceu o próprio Direito Internacional, reduzindo-o a um direito estritamente inter-estatal, e não mais acima, mas entre Estados soberanos[114].

É a partir das aludidas considerações que se configurou a formulação da tradicional visão do Direito Internacional como um direito entre Estados. O que se visualiza no processo de humanização do Direito Internacional, portanto, é um retorno aos pensamentos que atribuíram à consciência jurídica universal e ao ser humano papéis centrais na disciplina internacional. Busca-se, com isso, relembrar dois pontos: que a fonte material última do direito internacional é a consciência jurídica universal e que as bases do Direito Internacional repousam sobre o direito natural.

Esse processo de humanização, assim, implica no renascimento, restauração ou afirmação do direito natural e na reação da consciência humana ante às lesões cometidas contra o ser humano. É a partir de meados do

---

[114] TRINDADE, Antônio Augusto Cançado. **A humanização do direito internacional**. 2. ed. rev., atual. e ampl. Belo Horizonte: Del Rey, 2015. p. 12.

século XX que o pensamento de Francisco de Vitoria é rememorado para se projetar na reconstrução do Direito Internacional segundo seus princípios fundamentais (princípios da *recta ratio*), o que contribuiu para uma considerável evolução de uma nova frente do Direito Internacional: o Direito Internacional dos Direitos Humanos[115][116].

Houve um movimento de retorno – afinal, "o Direito Internacional não era em suas origens um direito estritamente interestatal, mas sim o direito das gentes"[117] –, retorno ao que é considerado consentâneo com os princípios fundamentais do Direito das Gentes. As ideias se sucederam na história, como se viu, através da linha "ser humano-Estado"; o que se quer, como a humanização do Direito Internacional, é o desenvolvimento da linha "ser humano-ser humano", de forma que o paradigma do Estado onipotente e protagonista dê lugar ao constante

---

[115] Ibid., p. 14.

[116] Conforme André de Carvalho Ramos, o fato de os Estados assumirem deveres em prol dos indivíduos, sem a lógica da reciprocidade dos tratados tradicionais, e a possibilidade de acesso dos indivíduos a instâncias internacionais de supervisão e controle das obrigações dos Estados demarcam a disciplina específica do Direito Internacional dos Direitos Humanos. (RAMOS, André de Carvalho. **Processo internacional de direitos humanos**. 2. ed. São Paulo: Saraiva, 2012. p. 12).

[117] TRINDADE, Antônio Augusto Cançado. **A humanização do direito internacional**. 2. ed. rev., atual. e ampl. Belo Horizonte: Del Rey, 2015. p. 16.

aperfeiçoamento da ordem mundial, inspirada pela busca do bem comum.

Pode-se definir humanização do Direito Internacional, portanto, como o processo contínuo dentro do qual "o direito internacional contemporâneo passa a ocupar-se mais diretamente da identificação e realização de valores e metas comuns superiores, que dizem respeito à humanidade como um todo"[118]. Nesse ínterim, podem ser destacados como principais objetivos dessa visão do Direito Internacional a busca de respostas para as necessidades e aspirações da humanidade e para "questões que Estado algum, isoladamente, pode tratar de modo adequado ou satisfatório, e que dizem respeito à humanidade como um todo"[119].

Alocado o ser humano no centro do sistema de relações internacionais, o ordenamento jurídico internacional "passa a se ocupar mais diretamente da identificação e realização de valores e metas comuns superiores"[120]. Nesse sentido, os atos unilaterais dos Estados não podem ser praticados sem a devida consideração dos direitos humanos, sob pena de serem

---

[118] Ibid., p. 18.
[119] Ibid., p. 15.
[120] Ibid., p. 17.

contestados por sua flagrante desobediência à ordem internacional.

No âmbito da liberdade de expressão, por exemplo, devem ser combatidas pelos Estados censuras que maculem o exercício de tal direito. Assim, se o Estado praticar atos que visem a censura do referido direito de expressão ou ainda que Judiciário do país não tutele devidamente o direito em tela, decidindo contrariamente àquele considerado vítima da lesão ao direito de liberdade de expressão, tais atos podem, hoje, ser apreciados por tribunais internacionais.

No caso Kimel vs. Argentina, julgado pela Corte Interamericana de Direitos Humanos, por exemplo, foi analisada a situação de jornalista que publicou vários livros relacionados à história política argentina, entre eles "O massacre de San Patricio", no qual expôs o resultado de sua investigação sobre o assassinato de cinco religiosos. O livro criticou a atuação das autoridades encarregadas da investigação dos homicídios, entre elas um juiz. Este promoveu uma queixa criminal contra o senhor Kimel pelo delito de calúnia e, após concluído o processo penal, o senhor Kimel foi condenado pela Sala IV da Câmara de Apelações a um ano de prisão e a uma multa de vinte mil pesos pelo delito de calúnia.

A Corte considerou que houve violação do artigo 13 da Convenção Americana, pois o poder punitivo do Estado foi usado de forma desnecessária e desproporcional, sobretudo pelo fato de ter concluído pelo entendimento de que a crítica do Sr. Kimel estava formulada sobre temas de notório interesse público e que o livro em questão se referia às atuações de um juiz no exercício de seu cargo. Pontuou-se que "[o] controle democrático pela opinião pública fomenta a transparência das atividades estatais e promove a responsabilidade dos funcionários sobre sua gestão pública", pelo qual estes devem mostrar "maior tolerância diante de afirmações e apreciações externadas pelos cidadãos no exercício de tal controle democrático", posto que "essas são as demandas do pluralismo próprio de uma sociedade democrática, que requer a maior circulação de notícias e opiniões sobre assuntos de interesse público"[121].

Outro exemplo da influência da humanização do Direito Internacional se verifica no caso, também julgado pela Corte Interamericana, acerca da Condição Jurídica e os

---

[121] SECRETARIA ESPECIAL DE DIREITOS HUMANOS. **Jurisprudência da Corte Interamericana de Direitos Humanos**: direito à liberdade de expressão. Caso Eduardo Kimel vs. Argentina. Disponível em: <http://www.sdh.gov.br/assuntos/atuacao-internacional/sentencas-da-corte-interamericana/pdf/6-direito-a-liberdade-de-expressao>. Acesso em: 04 jul. 2016. p. 280.

Direitos dos Migrantes Indocumentados (Parecer n. 18, de 17 de setembro de 2003). Aqui, a Corte "sustentou o dever dos Estados de respeitar e assegurar o respeito dos direitos humanos dos migrantes à luz do princípio básico da igualdade e não discriminação"[122]. No parecer adotado, adotou-se o entendimento consoante o qual "a obrigação geral de respeitar e garantir os direitos humanos vincula os Estados, independentemente de qualquer circunstância ou consideração, inclusive o status migratório das pessoas", de modo que "a qualidade migratória de uma pessoa não pode constituir uma justificativa para privá-la do desfrute e do exercício de seus direitos humanos, entre eles os de caráter trabalhista"[123]. Isso demonstra que as políticas adotadas pelos Estados não podem condicionar ou subordinar os princípios da igualdade e da não discriminação. Ato unilateral com esse intuito violaria o Direito Internacional dos Direitos Humanos.

---

[122] TRINDADE, Antônio Augusto Cançado. **A humanização do direito internacional**. 2. ed. rev., atual. e ampl. Belo Horizonte: Del Rey, 2015. p. 18.

[123] SECRETARIA ESPECIAL DE DIREITOS HUMANOS. **Jurisprudência da Corte Interamericana de Direitos Humanos**: migração, refúgio e apátridas. A condição jurídica e os direitos dos migrantes indocumentados. Disponível em: <http://www.sdh.gov.br/assuntos/atuacao-internacional/sentencas-da-corte-interamericana/pdf/7-migracao-refugio-e-apatridas>. Acesso em: 04 jul. 2016. p. 146-147.

Do exposto, vislumbra-se um maior aprimoramento do *jus gentium*, que deve estar em compasso com o desenvolvimento de um sentimento de humanidade comum que deve florescer e frutificar em todas as nações. Decorrência dessa evolução do ordenamento internacional se verifica no maior acesso dos indivíduos à jurisdição internacional – como se nota dos precedentes exemplificativos acima colacionados – e à uma multiplicação de órgãos encarregados da proteção da ordem internacional, realidade que será trabalhada no tópico a seguir.

4.3. Controle exercido pelos órgãos internacionais e atos unilaterais dos Estados

Tanto a relativização da soberania quanto a humanização do Direito Internacional são influências marcantes para a suscetibilidade de apreciação dos atos unilaterais dos Estados por órgãos internacionais.

Primeiramente, há uma relativização da soberania dos Estados na medida em que seus atos podem ser avaliados por tribunais e outros órgãos internacionais – com o fito de se examinar a compatibilidade dos comportamentos estatais com a ordem internacional – e na medida em que as decisões tomadas por seus órgãos judiciários ainda podem ser eventualmente revistas.

Em segundo lugar, a humanização do Direito Internacional implica na criação de mecanismos que garantam o respeito aos direitos humanos, como se pode notar pela criação de sistemas protetivos de direitos humanos.

Certo é que, nos dizeres de Antônio Augusto Cançado Trindade, o Estado "é responsável por todos os seus atos – tanto *jure gestionis* como *jure imperii* – assim como por todas suas omissões, por parte de qualquer de seus poderes ou agentes"[124]. É nessa esteira que a existência de órgãos internacionais, a exemplo dos tribunais internacionais, contribui para que os atos estatais desconexos com as obrigações internacionais assumidas sejam questionados e apreciados. Como bem realça André de Carvalho Ramos, há "uma reação jurídica do Direito Internacional às violações de suas normas, exigindo-se a preservação da ordem jurídica vigente"[125].

Os órgãos internacionais aqui tratados e incumbidos desse importante papel no Direito Internacional

---

[124] TRINDADE, Antônio Augusto Cançado. **A humanização do direito internacional**. 2. ed. rev., atual. e ampl. Belo Horizonte: Del Rey, 2015. p. 16.
[125] RAMOS, André de Carvalho. **Processo internacional de direitos humanos**. 2. ed. São Paulo: Saraiva, 2012. p. 13.

contemporâneo podem ter diversas funções e momentos de atuação. Podem, por exemplo, atuar de forma preventiva, conciliatória ou restauradora, possibilitando que sejam evitadas violações (aos direitos humanos e ao ordenamento internacional como um todo), possibilitando a conciliação entre Estados em litígios internacionais e possibilitando a restauração da ordem internacional, imputando responsabilidade aos Estados infratores.

Também, os órgãos internacionais que apreciam os atos dos Estados não possuem apenas feição judicial, mas também podem ter caráter administrativo ou arbitral; podem ter "amplo escopo de ação, como a Corte Internacional de Justiça (CIJ), competente para conhecer de qualquer lide relativa ao Direito Internacional" ou um escopo específico, como as Cortes de Direitos Humanos; podem atuar apenas em determinada região ou abranger o mundo inteiro, etc[126].

Para exemplificar, dentro do sistema global de proteção dos direitos humanos, ou seja, aquele relacionado à estrutura da Organização das Nações Unidas, existem Comitês de supervisão de obrigações internacionais contidas em tratados. Não sendo órgão judiciais, os

---

[126] PORTELA, Paulo Henrique Gonçalves. **Direito internacional público e privado**. 7. ed. rev., ampl. e atual. Salvador: Juspodivm, 2015. p. 48.

mencionados Comitês monitoram as ações dos Estados no sentido de efetivarem os direitos humanos previstos em determinado tratado. Primam, assim, por uma ação preventiva, supervisionando e orientando os Estados com o fito de que violações a direitos sejam evitadas. Por outro lado, no seio dos sistemas regionais de proteção dos direitos humanos, as Cortes de Direitos Humanos possuem natureza de órgão judicial, o que lhes permite uma atuação repressiva, ou seja, quando a violação já houver ocorrido e for necessária uma decisão vinculante para reparar o dano.

No âmbito dos direitos humanos, ganha destaque, na conjuntura atual, a constituição de sistemas protetivos de direitos humanos, caracterizados pela existência de uma convenção que consagra inúmeros direitos e por uma Corte que atua na defesa dos direitos ali previstos. Os sistemas de apuração de violações de direitos humanos subdividem-se no universal e nos regionais, segundo um critério que leva em consideração a abrangência espacial. O sistema universal ou global é aquele vinculado à estrutura da Organização das Nações Unidas, uma vez que esta organização internacional tem caráter mundial, reunindo quase todos os países da sociedade internacional. Por outro lado, entre os sistemas regionais, destacam-se o europeu, o interamericano e o africano.

Dentro desses sistemas, André de Carvalho Ramos aponta a existência de três modalidades de mecanismos coletivos de apuração de violação de direitos humanos, supervisão, controle estrito senso e tutela, uma vez que "atividade de verificação ou exame de conduta estatal" é realizada "de modo distinto pelos mais diversos órgãos internacionais de direitos humanos"[127].

Na supervisão, o órgão internacional, através do exercício de suas atribuições, procura "induzir os Estados a introduzir a garantia de determinado direito no ordenamento interno e a efetivar tal garantia"[128]. Dessa maneira, é exercida uma espécie de pressão sobre os Estados para que estes adotem ou modifiquem voluntariamente os seus comportamentos[129].

No controle estrito senso, avança-se para a averiguação de possíveis violações e para a cobrança de reparações às vítimas. Como exemplo dessa modalidade, pode ser citada "a atividade de processamento de petições individuais"[130].

---

[127] RAMOS, André de Carvalho. **Processo internacional de direitos humanos**. 2. ed. São Paulo: Saraiva, 2012. p. 24.
[128] Ibid.
[129] Ibid.
[130] Ibid.

Por fim, a tutela "consiste na existência de uma jurisdição internacional subsidiária e complementar, apta a atuar como verdadeiro juiz internacional imparcial a zelar pelo respeito aos direitos humanos"[131].

Pontua-se, em face do que foi explanado, a inegável importância da relação entre os órgãos internacionais e os atos unilaterais dos Estados. Conforme ficou exposto nos casos colhidos da jurisprudência internacional acerca dos atos unilaterais, eles foram avaliados e interpretados por tribunais internacionais, como a Corte Internacional de Justiça, cuja relevância se situa na garantia de efetividade das normas internacionais. Poderia resultar de todo inócuo e abstrato a existência de inúmeras convenções sobre direitos humanos e de regras internacionais estampadas em tratados de toda espécie, se não houvesse mecanismos para solucionar controvérsias internacionais (entre Estados, entre estes e Organizações Internacionais, entre aqueles e os próprios indivíduos).

Com inspiração nessa realidade internacional e como último expediente a ser utilizado para exemplificar a repercussão dos atos unilaterais no Direito das Gentes, cabe uma breve análise acerca da suscetibilidade de determinada violação de direitos humanos ser levada à um órgão

---

[131] Ibid.

internacional. Dito isto, no tópico a seguir será empreendida uma análise do caso da Usina de Belo Monte, obra de grande porte a ser implementada no Estado brasileiro e que emana reflexos em alguns direitos humanos consagrados pela Convenção Americana de Direitos Humanos, da qual os principais órgãos de proteção são a Comissão Interamericana de Direitos Humanos e a Corte Interamericana de Direitos Humanos.

4.4 Comissão Interamericana de Direitos Humanos e a construção da Usina de Belo Monte

O projeto da Usina Hidroelétrica de Belo Monte retrata uma situação em que os Estados, na ânsia de satisfazer suas respectivas vontades políticas, acabam por atropelar trâmites indispensáveis para a proteção dos direitos humanos.

O megaprojeto, consistente na construção e funcionamento de três usinas e na formação de dois reservatórios, visando o aproveitamento energético do Rio Xingu, no Estado (unidade da federação) do Pará, foi alvo, desde o seu embrião, de inúmeras contestações[132]. Assim, a

---

[132] ASOCIACIÓN INTERAMERICANA PARA LA DEFENSA DEL AMBIENTE. **Solicitação de medidas cautelares em favor de**

grande obra foi sendo levada a efeito segundo esse tom: com várias alegações de lesões a direitos das comunidades (indígenas ou não) ali estabelecidas e com suspeitas de déficit nos estudos de impactos ambientais.

A situação, então, conduziu as comunidades indígenas da Bacia do Rio Xingu à acionarem a Comissão Interamericana de Direitos Humanos, órgão do sistema interamericano de direitos humanos que permite o acesso direto dos indivíduos para a proteção de direitos previstos na Convenção Americana de Direitos Humanos.

Nos termos da petição solicitando medidas cautelares contra a construção da hidroelétrica:

> Este projeto ameaça impactar irremediavelmente a vida e a integridade dos indígenas e ribeirinhos que ali vivem tendo em vista o deslocamento forçado, a insegurança alimentar e hidrológica, com a perda de água potável, o aumento de doenças, ameaças de invasões às terras indígenas e o aproveitamento ilegal de recursos naturais, o aumento da pobreza e a migração desordenada, que sobrecarregará os sistemas de saúde, educação e segurança pública. Apesar da gravidade e irreversibilidade dos impactos da obra para as comunidades locais, não foram realizadas as medidas adequadas para garantir a proteção dos direitos das mesmas nem do meio ambiente[133].

---

comunidades tradicionais da bacia do Rio Xingu, Pará, Brasil. Disponível em: <http://www.aida-americas.org/sites/default/files/refDocuments/Medida%20Cautelar%20UHE%20Belo%20Monte%20Brasil.pdf>. Aceso em: 15 jan. 2016. p. 2.

Além das comunidades indígenas presentes na região – entre as quais podem ser citadas Arara da Volta Grande do Xingu, Juruna de Paquiçamba, Juruna do "Quilômetro 17", Xikrin de Trincheira Bacajá, Asurini de Koatinemo, Kararaô e Kayapó da terra indígena Kararaô, Parakanã de Apyterewa, Araweté do Igarapé Ipixuna, Arara da terra indígena Arara, Arara de Cachoeira Seca – também existem "numerosas comunidades tradicionais de famílias ribeirinhas e de agricultores familiares que também dependem do rio e de seu ecossistema para sua subsistência"[134]. Com efeito, a solicitação de medidas cautelares revela que os impactos decorrentes da obra não foram analisados de uma forma profunda[135]. Logo, na medida em que obra dessa magnitude não se cerca de todos os cuidados, de todos os expedientes para preservação dos direitos dos seres humanos ali fixados e do necessário diálogo com a sociedade e observância das especificidades ambientais, vulneram-se direitos previstos na Convenção

---

[133] ASOCIACIÓN INTERAMERICANA PARA LA DEFENSA DEL AMBIENTE. **Solicitação de medidas cautelares em favor de comunidades tradicionais da bacia do Rio Xingu, Pará, Brasil**. Disponível em: <http://www.aida-americas.org/sites/default/files/refDocuments/Medida%20Cautelar%20UHE%20Belo%20Monte%20Brasil.pdf>. Acesso em: 15 jan. 2016. p. 1.

[134] Ibid., p. 7.

[135] Ibid., p. 6.

Americana de Direitos Humanos, Convenção esta à qual o Estado brasileiro aderiu.

Acionada a Comissão Interamericana de Direitos Humanos, esta de manifestou da seguinte forma na MC 382/10:

> A CIDH solicitou ao Governo Brasileiro que suspenda imediatamente o processo de licenciamento do projeto da UHE de Belo Monte e impeça a realização de qualquer obra material de execução até que sejam observadas as seguintes condições mínimas: (1) realizar processos de consulta, em cumprimento das obrigações internacionais do Brasil, no sentido de que a consulta seja prévia, livre, informativa, de boa fé, culturalmente adequada, e com o objetivo de chegar a um acordo, em relação a cada uma das comunidades indígenas afetadas, beneficiárias das presentes medidas cautelares; (2) garantir, previamente a realização dos citados processos de consulta, para que a consulta seja informativa, que as comunidades indígenas beneficiárias tenham acesso a um Estudo de Impacto Social e Ambiental do projeto, em um formato acessível, incluindo a tradução aos idiomas indígenas respectivos; (3) adotar medidas para proteger a vida e a integridade pessoal dos membros dos povos indígenas em isolamento voluntário da bacia do Xingú, e para prevenir a disseminação de doenças e epidemias entre as comunidades indígenas beneficiárias das medidas cautelares como consequência da construção da hidroelétrica Belo Monte, tanto daquelas doenças derivadas do aumento populacional massivo na zona, como da exacerbação dos vetores de transmissão aquática de doenças como a malária.

Em 29 de julho de 2011, durante o 142o Período de Sessões, a CIDH avaliou a MC 382/10 com base na informação enviada pelo Estado e pelos peticionários, e modificou o objeto da medida, solicitando ao Estado que: 1) Adote medidas para proteger a vida, a saúde e integridade pessoal dos membros das comunidades indígenas em situação de isolamento voluntario da bacia do Xingu, e da integridade cultural de mencionadas comunidades, que incluam ações efetivas de implementação e execução das medidas jurídico-formais já existentes, assim como o desenho e implementação de medidas especificas de mitigação dos efeitos que terá a construção da represa Belo Monte sobre o território e a vida destas comunidades em isolamento; 2) Adote medidas para proteger a saúde dos membros das comunidades indígenas da bacia do Xingu afetadas pelo projeto Belo Monte, que incluam (a) a finalização e implementação aceleradas do Programa Integrado de Saúde Indígena para a região da UHE Belo Monte, e (b) o desenho e implementação efetivos dos planos e programas especificamente requeridos pela FUNAI no Parecer Técnico 21/09, recém enunciados; e 3) Garantisse a rápida finalização dos processos de regularização das terras ancestrais dos povos indígenas na bacia do Xingu que estão pendentes, e adote medidas efetivas para a proteção de mencionados territórios ancestrais ante apropriação ilegítima e ocupação por não-indígenas, e frente a exploração ou o deterioramento de seus recursos naturais[136].

---

[136] CIDH. **Medida cautelar MC 382/10**. Comunidades Indígenas da Bacia do Rio Xingu, Pará, Brasil. Organização dos Estados Americanos. Disponível em: <http://www.cidh.oas.org/medidas/2011.port.htm>. Acesso em: 15 jan. 2016.

O caso em análise, como cediço, está relacionado a vários direitos previstos na Convenção Americana de Direitos Humanos, como os direitos à vida, à integridade pessoal e a proteção da honra e da dignidade.

O artigo 4 (1) da dita Convenção consagra o direito à vida, ao passo que o artigo 5 (1) cuida do direito à integridade pessoal. Esses dispositivos declaratórios de direitos humanos, analisados em conjunto, guiam à conclusão de que as pessoas sujeitas às conseqüências da construção da Usina de Belo Monte, ao não terem sua cultura respeitada (pois ali contemplam laços de identidade), ao não serem tratadas adequadamente pelo Estado brasileiro (que não lhes fornece compensações ou não faz concessões para que os interesses em jogo sejam conciliados, sem sacrifício dos direitos das comunidades tradicionais) e ao serem afastadas de seu ambiente natural e social, foram vulneradas no seus direitos à vida e à integridade pessoal.

O direito à vida diz respeito não apenas ao nascimento, mas à própria vivência, à forma como se vive; o direito à integridade pessoal, por sua vez, envolve não apenas o aspecto físico, mas também o psicológico e o moral. Veja-se o teor dos dispositivos da Convenção:

> Artigo 4. Direito à vida
> 1. Toda pessoa tem o direito de que se respeite sua vida. Esse direito deve ser protegido pela lei e, em geral, desde o momento da concepção. Ninguém pode ser privado da vida arbitrariamente.
>
> Artigo 5. Direito à integridade pessoal
> 1. Toda pessoa tem o direito de que se respeite sua integridade física, psíquica e moral.

Logo, os impactos causados sobre a vida de tais pessoas são nítidas representações de turbações na forma digna de se viver e nas três dimensões da integridade pessoal. Conforme a petição de solicitação de medidas cautelares, os principais impactos da usina são os seguintes: deslocamento forçado das comunidades, danos à saúde das populações afetadas pelo projeto, ameaça à segurança alimentar da população, ameaça à segurança hidrológica da população, impactos decorrentes da migração, aumento de pressão sobre os recursos naturais e invasões nas terras indígenas, perda cultural e de formas de vida e ausência de participação pública no projeto de construção da usina[137].

---

[137] ASOCIACIÓN INTERAMERICANA PARA LA DEFENSA DEL AMBIENTE. **Solicitação de medidas cautelares em favor de comunidades tradicionais da bacia do Rio Xingu, Pará, Brasil**. Disponível em: <http://www.aida-americas.org/sites/default/files/refDocuments/Medida%20Cautelar%20UHE%20Belo%20Monte%20Brasil.pdf>. Acesso em: 15 jan. 2016. p. 14-30.

O artigo 11, nos seus itens 1, 2 e 3, complementa os artigos 4 e 5 da Convenção ao resguardar a proteção da honra e da dignidade, uma vez que a Usina de Belo Monte, incorrendo nos vícios elencados, implica em ingerência abusiva na vida das pessoas diretamente afetadas. Observe-se o dispositivo convencional:

> Artigo 11. Proteção da honra e da dignidade
> 1.Toda pessoa tem direito ao respeito de sua honra e ao reconhecimento de sua dignidade.
> 2. Ninguém pode ser objeto de ingerências arbitrárias ou abusivas em sua vida privada, na de sua família, em seu domicílio ou em sua correspondência, nem de ofensas ilegais à sua honra ou reputação.
> 3.Toda pessoa tem direito à proteção da lei contra tais ingerências ou tais ofensas.

Por fim, mas não menos importante, a defesa do meio ambiente também não pode ser deixada de lado no caso em tela. O direito a um meio ambiente sustentável e saudável, mesmo não expressamente previsto na Convenção Americana de Direitos Humanos, é norma de *jus cogens* e pode decorrer dos próprios direitos ali expressamente destacados.

Como se viu no tópico relativo às fontes do Direito Internacional, as normas de *jus cogens* são aquelas às quais a sociedade atribui maior importância e que, por isso, gozam de primazia na ordem internacional. O meio ambiente, ao lado da paz e de outros direitos humanos, pode ser enquadrado em tal categoria para fins de uma proteção mais consistente.

Para o âmbito do presente estudo, não pode ser desconsiderado que os duvidosos e conturbados estudos ambientais acerca de Belo Monte fragilizam sua legitimidade, o que poderia ter sido suplantando com um maior rigor na busca pela preservação do meio ambiente e com o amplo diálogo com a sociedade e entidades com pertinência temática ao caso.

O caso da Usina de Belo Monte também contrasta com outro direito. Dentro do catálogo de direitos humanos, cuja construção é contínua em virtude da historicidade que os caracteriza, pode-se colher um direito, de contornos novos, que milita contra a forma com a qual foi levada a efeito a construção da Usina de Belo Monte: o direito ao desenvolvimento.

Foi adotada, em 1986, pela Organização das Nações Unidas, a Declaração sobre o Direito ao Desenvolvimento, o que permitiu uma profunda reflexão sobre seu conteúdo e seus desafios. Flávia Piovesan concebe o direito ao desenvolvimento com três dimensões centrais: a justiça social; participação e accountability; e programas e políticas nacionais e cooperação internacional[138].

Com a justiça social, "igual consideração deve ser conferida à implementação, promoção e proteção dos direitos civis, políticos, econômicos, sociais e culturais"[139]. A participação e accountability consistem no componente democrático do direito ao desenvolvimento. Essa segunda dimensão imputa aos Estados o dever de "encorajar a participação popular em todas as esferas como um importante fator ao direito ao desenvolvimento e à plena realização dos direitos humanos" e de "promover e assegurar a livre, significativa e ativa participação de indivíduos e grupos na elaboração, implementação e monitoramento de políticas de desenvolvimento"[140]. Através dos programas e políticas nacionais e cooperação internacional, "os Estados devem adotar medidas — individual e coletivamente — para criar um ambiente a permitir, nos planos internacional e nacional, a plena realização do direito ao desenvolvimento"[141]. Desse modo, "os Estados devem adotar medidas para eliminar os obstáculos ao desenvolvimento resultantes da não

---

[138] PIOVESAN, Flávia. **Temas de direitos humanos.** 5. ed. São Paulo: Saraiva, 2012. p. 59-60.
[139] Ibid., p. 59.
[140] Ibid., p. 60.
[141] Ibid.

observância de direitos civis e políticos, bem como da afronta a direitos econômicos, sociais e culturais"[142].

Percebe-se, assim, que Belo Monte não atende os ditames do direito ao desenvolvimento, que reclama dos Estados igual consideração de todos os direitos (sobre diversos temas, como os direitos à cultura, à vida e ao meio ambiente, que se destacam no caso concreto), a promoção da participação dos indivíduos nas políticas de desenvolvimento (deixadas de lado pelo Estado quando este não assegura uma democrática participação das comunidades tradicionais do Rio Xingu e entidades específicas para avaliação dos pontos positivos e negativos da construção da hidroelétrica) e a eliminação de obstáculos ao desenvolvimento resultantes da não observância de direitos.

A Comissão, ao adotar a posição estampada na MC 382/10, agiu, na sua condição de órgão de proteção dos direitos humanos no sistema interamericano, no sentido de modificar o comportamento do Brasil, para que este adequasse sua intenção de construir a usina à uma intenção mais relevante: a de respeito irrestrito aos direitos humanos.

Apesar do Estado brasileiro não ter recebido com bons olhos a decisão da Comissão Interamericana e

---

[142] Ibid.

não ter feito concessões quanto à construção da Usina de Belo Monte, não pode ser esperado dos órgãos internacionais outra atitude que não a inflexibilidade às violações aos direitos humanos.

O Brasil, agindo unilateralmente no sentido de construir uma obra que, à primeira vista, diz respeito apenas à gerência interna de seus interesses, não pode se olvidar do cumprimento de imperativos do Direito Internacional estampados em convenções aos quais subscreveu. Lembra Mazzuoli, quanto às vinculações decorrentes do Direito Internacional, que "cumprir o tratado de boa-fé significa que os sujeitos devem agir de modo a que os objetivos perseguidos pelo tratado possam ser satisfeitos, como também já referiu a CIJ no caso Projeto Gabcíkovo-Nagymaros (Hungria Vs. Eslováquia) de 1997"[143]. Agir, portanto, de modo a perseguir os objetivos de uma convenção consagradora de direitos humanos, deve implicar no respeito e efetivação de tais direitos, mesmo quando se tem em vista uma política interna. Os atos estatais, a par da compatibilidade com a ordem interna, devem obedecer a outra categoria de vinculação, aquela imposta pela ordem internacional.

---

[143] MAZZUOLI, Valério de Oliveira. **Curso de direito internacional público**. 9. ed. rev., atual. e ampl. São Paulo: Editora Revista dos Tribunais, 2015. p. 287.

5. CONSIDERAÇÕES FINAIS

A relevante discussão acerca dos atos unilaterais dos Estados, como visto, mostra-se ampla, porém não incontroversa, fator demonstrado pelas variadas posições quanto à matéria. O que fica evidente, contudo – e fora de dúvidas –, é que o valor deles para o Direito Internacional é comprovado.

No âmbito das fontes do Direito Internacional, as argumentações que militam a favor da inclusão dos atos unilaterais no seio daquelas fontes, assentadas em sérios estudos, conferem plausibilidade e legitimidade ao posicionamento. Embora isso não tenha ficado superado e definitivamente resolvido para uma ou para outra direção, a aptidão dos atos unilaterais de provocarem efeitos jurídicos na esfera internacional põe os Estados no alvo dos órgãos internacionais, que avaliam casos que envolvam o ato unilateral posto em questionamento, e dos outros atores internacionais, que reclamam para si eventuais direitos ou posições jurídicas oriundas dos atos realizados por outros Estados. Além disso, os atos unilaterais podem contribuir para o próprio Estado que o pratica, conforme ficou exposto no exemplo do protesto.

A quebra da ideia de soberania absoluta, com a consequente relativização do conceito, expõe outra repercussão dos atos unilaterais no Direito Internacional. A partir do momento em que os comportamentos dos Estados são dirigidos pelo Direito Internacional na sua totalidade (ou seja, desde as normas firmadas em tratados até aquelas de natureza *jus cogens*, que não precisam estar positivadas), os atos que os Estados formulam ficam condicionados, seja internamente quanto externamente, aos valores consagrados no Direito das Gentes. Nesse sentido, o principal componente ao qual se deve respeito é o Direito

Internacional dos Direitos Humanos, o que já leva para outro elemento de ordenação dos atos unilaterais: a humanização do Direito Internacional.

Não se pode conceber que os Estados, sob a justificativa de satisfazer seus interesses próprios, de buscar seu crescimento econômico, de combater a insegurança, enfim, de se tornar uma potência mundial, atropelem justamente ao que eles servem: o ser humano. São os seres humanos o centro das preocupações e o principal motivo da constituição dos Estados como forma de organização social. São aqueles os diretamente atingidos pelas ocorrências mundanas e são eles cujas necessidades se buscam prover. A história é repleta de exemplos em que o deslocamento da pessoa humana para as periferias das preocupações em detrimento da onipotência dos Estados (ou do seu uso indevido) culminou em violações ao direitos humanos: morte de pessoas para atender ao desenvolvimento bélico e militar dos Estados; colonização de culturas, povos e territórios em nome da florescimento econômico das metrópoles; obstrução as mais diversas liberdades em nome de regimes internos de totalitarismo; violações da integridade física das pessoas em função de despreparos e abusos das autoridades que exercem o poder coercitivo do Estado, etc. Tais atos, não raras vezes, foram praticados unilateralmente pelos Estados, tanto no sentido de que o fizeram sem a associação com outros Estados, tanto no sentido de que o fizeram sem observância aos direitos humanos.

A humanização do Direito Internacional visa, justamente, resgatar a ideia, que não é recente, de que o ser humano é o centro e que a consciência jurídica universal (*recta ratio*) dita o tom do Direito das Gentes. Por essa razão que atos estatais a exemplo da construção da Usina de Belo Monte, no Brasil, merecem repúdio quando levados a efeito de forma cega aos direitos humanos. Não é por outra razão que, verificada a violação da ordem internacional, haverá também uma reação da sociedade internacional ao ato violador.

Nessa ordem de ideias, entram em cena os órgãos internacionais responsáveis pelo monitoramento do cumprimento das obrigações internacionais e pela aferição da responsabilidade internacional dos Estados, responsabilidade esta que é relacionada com os atos unilaterais, tendo em vista que o ato é um dos elementos a serem verificados na decretação da responsabilidade.

O Direito das Gentes, por tudo quanto foi apresentado, destina-se a gerar efeitos tanto nas relações internacionais quanto no interior dos Estados, exigindo, aqui, que as autoridades que agem em nome dos entes estatais executem os comandos prescritos pelas normas internacionais. A amplitude e a dinâmica do Direito Internacional alcançam, assim, mais um ponto: os atos unilaterais dos Estados.

REFERÊNCIAS

ACCIOLY, Hildebrando; SILVA, G. E. do Nascimento e; CASELLA, Paulo Borba. **Manual de direito internacional público**. 20. ed. São Paulo: Saraiva, 2012.

BONAVIDES, Paulo. **Ciência política**. 18. ed. São Paulo: Malheiros, 2011.

BROWNLIE, Ian. **Princípios de direito internacional público**. Lisboa: Fundação Calouste Gulbenkian, 1997.

CEDEÑO, Víctor Rodríguez. **First report on unilateral acts of States.** Unilateral acts of States. Reports of the

Special Rapporteur of International Law Comission of United Nations. Document A/CN.4/486. Disponível em: <http://legal.un.org/docs/?path=../ilc/documentation/english/a_cn4_486.pdf&lang=EFSX>. Acesso em: 13 jun. 2016.

__________. **Fourth report on unilateral acts of States.** Unilateral acts of States. Reports of the Special Rapporteur of International Law Comission of United Nations. Document A/CN.4/519. Disponível em: < http://legal.un.org/docs/?path=../ilc/documentation/english/a_cn4_519.pdf&lang=EFSX>. Acesso em: 13 jun. 2016.

__________. **Ninth report on unilateral acts of States**. Unilateral acts of States. Reports of the Special Rapporteur of International Law Comission of United Nations. Document A/CN.4/569 and Add.1. Disponível em: < http://legal.un.org/docs/?path=../ilc/documentation/english/a_cn4_569.pdf&lang=ESX>. Acesso em: 13 jun. 2016.

CIDH. **Medida cautelar MC 382/10**. Comunidades Indígenas da Bacia do Rio Xingu, Pará, Brasil. Organização dos Estados Americanos. Disponível em: <http://www.cidh.oas.org/medidas/2011.port.htm>. Acesso em: 15 jan. 2016.

DAL RI JÚNIOR, Arno; LIMA, Lucas Carlos. **A flexibilização da doutrina clássica de fontes e o papel das decisões judiciais no ordenamento internacional.** X Anuário Brasileiro de Direito Internacional. Centro de Direito Internacional.

FERRAJOLI, Luigi. **A soberania no mundo moderno:** nascimento e crise do Estado nacional. Trad. Carlo Coccioli e Márcio Lauria Filho. São Paulo: Martins Fontes, 2002.

HÖFFE, Otfried. **A democracia no mundo de hoje.** Trad. Tito Lívio Cruz Romão. São Paulo: Martins Fontes, 2005.

INTERNATIONAL LAW COMISSION. Unilateral acts of States. Report of the working group. **Conclusions of the International Law Comission relating to unilateral acts of States**. A/CN.4/L.703, 2006. Disponível em: <http://legal.un.org/docs/?symbol=A/CN.4/L.703>. Acesso em: 13 jun. 2016.

MAZZUOLI, Valério de Oliveira. **Curso de direito internacional público**. 9. ed. rev., atual. e ampl. São Paulo: Editora Revista dos Tribunais, 2015.
PENICHE, Nicolás Guerrero; CEDEÑO, Víctor Rodríguez. **Los actos unilaterales de los Estados em Derecho Internacional:** los trabajos de codificación en la Comissión de Derecho Internacional. Anuario Mexicano de Derecho Internacional, v. 3, 2003.

PIOVESAN, Flávia. **Temas de direitos humanos.** 5. ed. São Paulo: Saraiva, 2012.

PORTELA, Paulo Henrique Gonçalves Portela. **Direito internacional público e privado.** 7. ed. rev., ampl. e atual. Salvador: Juspodivm, 2015.

RAMOS, André de Carvalho. **Processo internacional de direitos humanos**. 2. ed. São Paulo: Saraiva, 2012.

REALE, Miguel. **Fontes e modelos do direito:** para um novo paradigma hermenêutico. São Paulo: Saraiva, 1994.

REZEK, José Francisco. **Direito internacional público**: curso elementar. 15. ed. rev. e atual. São Paulo: Saraiva, 2014.

SECRETARIA ESPECIAL DE DIREITOS HUMANOS. **Jurisprudência da Corte Interamericana de Direitos Humanos**: migração, refúgio e apátridas. A condição jurídica e os direitos dos migrantes indocumentados. Disponível em: <http://www.sdh.gov.br/assuntos/atuacao-internacional/sentencas-da-corte-interamericana/pdf/7-migracao-refugio-e-apatridas>. Acesso em: 04 jul. 2016.

__________. **Jurisprudência da Corte Interamericana de Direitos Humanos**: direito à liberdade de expressão. Caso Eduardo Kimel vs. Argentina. Disponível em: <http://www.sdh.gov.br/assuntos/atuacao-internacional/sentencas-da-corte-interamericana/pdf/6-direito-a-liberdade-de-expressao>. Acesso em: 04 jul. 2016.

SHAW, Malcolm N. **International law.** 6. ed. Cambridge: Cambridge University Press, 2008.

ASOCIACIÓN INTERAMERICANA PARA LA DEFENSA DEL AMBIENTE. **Solicitação de medidas cautelares em favor de comunidades tradicionais da bacia do rio Xingu, Pará, Brasil**. Disponível em: <http://www.aida-americas.org/sites/default/files/refDocuments/Medida%20Cautelar%20UHE%20Belo%20Monte%20Brasil.pdf>. Acesso em: 15 jan. 2016.

TRINDADE, Antônio Augusto Cançado. **A humanização do direito internacional**. 2. ed. rev., atual. e ampl. Belo Horizonte: Del Rey, 2015.